Lama Jigmela Rinpoche

Der tibetische Buddhismus

W0187934

LAMA JIGMELA RINPOCHE

DER TIBETISCHE
BUDDHISMUS

Schlüsselwörter von A bis Z

Übersetzt von Helga Schenk

Edizioni AMRITA

//////////////////// SILBERSCHNUR ////////////////////

Edizioni AMRITA

Wir freuen uns, Ihnen die Zusammenarbeit zwischen dem Verlag Silberschnur und dem italienischen Verlagshaus Amrita in Form gemeinsamer Veröffentlichungen bekanntgeben zu können. Die beiden Verlage vereinen mit dieser Aktion ihre Kräfte zwanzigjähriger Erfahrung und dieselbe Leidenschaft für gute Bücher, in der Absicht, deutschen Lesern Gelegenheit zu bieten, in Kontakt mit außergewöhnlichen Autoren zu kommen - und zwar nicht nur über ihre Werke, sondern auch über Treffen, Konferenzen und Ausbildungsseminare.

Originalausgabe: "A... come Buddha"
© 2004 Editioni AMRITA s.r.l., Turin, Italien
Copyright © der deutschen Ausgabe Verlag "Die Silberschnur" GmbH

ISBN 978-3-89845-229-8
1. Auflage 2004 Editioni Amrita
2. Auflage 2008 Silberschnur Verlag

Gestaltung & Satz: XPresentation, Boppard
Coverbild: Amritagraphic
Druck: Finidr, s.r.o. Cesky Tesin

Verlag "Die Silberschnur" GmbH
Steinstraße 1 · D-56593 Güllesheim

www.silberschnur.de · Email: info@silberschnur.de

An unsere Leser

Die von uns veröffentlichten Bücher sind unser Beitrag zu einer neu entstehenden Welt, die mehr auf Zusammenarbeit als auf Konkurrenz beruht, mehr auf der Wertschätzung des menschlichen Geistes als auf Selbstzweifeln, vor allem aber auf der Überzeugung, dass zwischen allen Menschen eine Verbindung besteht. Unser Ziel ist es, das Leben möglichst vieler Menschen mit der Botschaft von Hoffnung auf eine bessere Welt zu erreichen.

In unseren Büchern stecken viele Stunden sorgfältiger Arbeit und eingehender Forschungen: von der Auswahl des zu publizierenden Materials (durchgeführt von speziellen Lesegruppen) bis hin zur gewissenhaften Übersetzung und den gründlichen, oft langwierigen Recherchen der Redaktion.

Wir würden uns wünschen, dass die Leser sich dessen bewusst sind, um somit über den Inhalt des Buches hinaus auch die Liebe und Hingabe, die zu seiner Entstehung beigetragen haben, auskosten zu können.

Die Herausgeber

Inhalt

Vorwort

Keine Angst. Mit diesem Buch haben wir in keinster Weise die Absicht, Ihnen alles über den Buddhismus beizubringen. Dieses Buch soll Ihnen einfach nur helfen, einen Einstieg in den Buddhismus zu bekommen. Denn Schlüssel sind dazu da, uns einen Zugang zu verschaffen. In diesem Falle in eine Welt, die immer mehr Personen anzieht, ihnen aber bisweilen zu kompliziert erscheint, so dass sie es bei den ersten Vorstößen belassen.

Lama Jigmela Rinpoche fängt ganz am Anfang an. Er öffnet uns die Tür, indem er uns mit den wichtigsten Themen dieser Lehre vertraut macht und uns eine bestimmte Anzahl von Begriffen erklärt, die im Westen häufig nicht richtig erläutert werden.

Ist der Buddhismus eine Religion oder eine Philosophie? Und wenn er eine Philosophie ist, warum gibt es dann so viele Riten, Rituale, Gebete und Gottheiten? Was versteht man unter Mandalas und Mudras? Was ist ein Mantra, und wie funktioniert es? Wer sind die Bodhisattvas, Lamas und Tulkus? Sind die Devas Engel, Feen oder Elfen?

Darüber hinaus erklärt uns der Autor natürlich auch, wie wir uns durch das Praktizieren des Buddhismus vom Leiden befreien können, ohne dass diese Loslösung dasselbe wie Gleichgültigkeit wäre – eine häufig im Westen auftretende Begriffsverwirrung. Dasselbe gilt für die Liebe, die keine Quelle mehr für Kummer sein kann, wenn sie frei von jedem Besitzanspruch ist. Genausowenig wie der Tod Verzweiflung und Hoffnungslosigkeit bei uns auslösen kann, wenn wir ihn als das nehmen, was er ist: Das Ende unseres vorübergehenden Aufenthalts hier auf Erden in Erwartung einer neuen Reinkarnation. Was hingegen die Reinkarnation und das Karma betrifft, ist es gut, uns von vorneherein darüber im Klaren zu sein, dass wir nicht in einem nächsten Leben zum Milliardär werden, nur weil wir in diesem Leben, einige "gute Taten" vollbracht haben, genausowenig wie es unbedingt ein Rückschritt sein muss, in Form eines Tieres wiedergeboren zu werden.

Und zuletzt muss noch darauf hingewiesen werden, dass dieses Buch gefährlich ist! Ja, Sie haben richtig gehört: gefährlich. Denn wir schlagen es auf und erwarten eine Art Wörterbuch, doch dann packt es uns! Es nimmt uns gefangen. Weil wir hier von keiner Moralpredigt abgestoßen werden, sondern mit der Zeit immer deutlicher die wahre Gleichheit aller Lebewesen entdecken, d.h. die Unvermeidlichkeit des Mitgefühls und seiner alltäglichen Begleiterscheinungen: nicht töten, nicht stehlen, niemandem schaden, nicht lügen, nicht verletzen und keine Zwietracht säen. Kurz gesagt: das Böse in all seinen Erscheinungsformen vermeiden. Das ist Schwerstarbeit und erfordert unsere ganze Anstrengung. Wir wissen, dass wir es wahrscheinlich in einem Leben nicht schaffen werden, aber wir haben ja Zeit...

Ich habe Sie vorgewarnt: Die Weisheit eines Lamas wird Sie verändern. Wenn Sie dieses Buch schließlich zuklappen werden, werden Sie nicht mehr ganz der/dieselbe sein...

Daniela Muggia

B... wie Behinderung

Wir glauben, dass ein Bewusstsein im Moment der Empfängnis geboren wird, und aus diesem Grund ist bei uns auch die Abtreibung nicht erlaubt. Für uns ist jeder Körper akzeptabel, egal wie er aussieht, ob er nun vor Gesundheit nur so strotzt oder ob er eine Behinderung aufweist. Jeder muss seine Lektionen lernen, jeder muss seine Lektionen erteilen. Beispielsweise sorgt eine behinderte Person dafür, dass ihre Angehörigen und Freunde Geduld und eine Form von bedingungsloser Liebe entwickeln, die nicht vom Aussehen eines schönen Körpers, von schönen Worten oder einem schönen Geist konditioniert ist. So eine Person ist für sie ein guter Lehrmeister. Indem sie sie beobachten, wird ihnen die außerordentliche Gelegenheit geboten zu lernen, wie ihr eigener Geist funktioniert. Denn sie werden sich bewusst werden, dass sie immer irgendwelche Erwartungen haben, die beispielsweise eine behinderte Person nicht hat. Die behinderte Person hat tatsächlich sehr viel weniger Erwartungen als wir selbst, und in ihren Beziehungen mit anderen ist sie so, wie sie ist, ohne von den anderen allzu viel zu erwarten.

Eine andere Sache, die wir lernen können, ist, dass unsere Probleme nie von außen, sondern immer von innen kommen. In der traditionellen Lebensweise war die Familie immer groß genug, um sich um eine behinderte Person zu kümmern. Deshalb ist nicht der/die Behinderte an sich das Problem, sondern unser moderner Lebensstil, der uns hierhin und dahin hetzen lässt, ohne Zeit für irgendetwas zu haben.

Deshalb wäre es angebracht, dass sich jeder selbst analysiert und sich fragt, ob er die nötige Zeit finden will, um sich um andere zu kümmern.

Natürlich kann auch die behinderte Person viele positive Lektionen aus ihrem eigenen Zustand lernen, vor allem wenn sie jemanden hat, der sich um sie kümmert, damit sie nicht zu viel leiden muss. Vielleicht lernt der Behinderte auch, wie seine Krankheit funktioniert und welches Mittel dagegen wirksam sein könnte. So könnte er im nächsten Leben vielleicht als großer Arzt wiederkommen.

Das ist also der Grund, warum Behinderte in unserer Tradition nicht als wirklich gehandikapt oder benachteiligt angesehen werden. Denn sie machen nicht unbedingt weniger Erfahrungen als wir, sondern haben die Möglichkeit, die gleichen Erkenntnisse zu gewinnen.

B... wie Bekehrungseifer

Im Allgemeinen kann im Buddhismus der Bekehrungseifer nicht existieren. Denn da alles die Buddhanatur besitzt, wie wäre es da möglich, überzeugend zu vertreten, dass wir die Besten sind?

Alle Wege sind gleichermaßen gut, wenn man weiß, wie man sie am besten nutzen kann. Und wenn schlechter Gebrauch von ihnen gemacht wird, sind alle gleichermaßen negativ, da sie Leiden und Verwirrung hervorrufen.

Die buddhistischen Schulen, die sich auf ihre Fahnen geschrieben haben, dass sie als Bekehrer auftreten, bedienen sich letztendlich dieses Systems als geschicktem Mittel, um jene Menschen auf den Weg des Dharma zu bringen, die es noch nötig haben, sich als etwas Besonderes oder etwas Besseres zu fühlen. Letztendlich werden auch sie schließlich entdecken, dass alle Wege gleichermaßen gut sind, wenn man sie richtig zu nutzen weiß.

B

B... wie Bodhisattva

Aus historischer Sicht wissen wir, dass Buddha Sakyamuni fünfhundert Jahre vor Christus auf diese Welt gekommen ist. Mit "Buddha" bezeichnen wir ein Wesen, das die wahre Natur des Geistes völlig erkannt hat und auf die Welt kommt, um seine Lehren zu verbreiten und die anderen fühlenden Wesen zu einer ähnlichen Verwirklichung wie seiner eigenen hinzuführen, denn alle verfügen grundsätzlich über dasselbe Potenzial.

Wer unter diesen Wesen die Wahrheit seiner eigenen Buddhanatur erkennt und sich trotzdem für die Wiedergeburt als fühlendes Wesen entscheidet, um den anderen Wesen zu helfen, die Lehre Buddhas zu verstehen, wird Bodhisattva* genannt.

Ein Bodhisattva kann dieselbe Erkenntnisstufe wie ein Buddha erreicht haben, wie beispielsweise Padmasambhava, oder aber er kann sich noch auf einer niedrigeren Stufe auf dem Weg der Erkenntnis befinden. Aus historischer Sicht haben die Buddhas und die

---

* Bodhisattva bedeutet: "Mensch mit mitfühlendem Geist".

Bodhisattvas allerdings unterschiedliche Rollen: Ein Buddha beginnt einen Lehrzyklus und ein Bodhisattva führt ihn weiter, indem er die Lehren auf andere Art und Weise, in anderen Zeiten und in anderen Welten verbreitet.

Wenn wir uns einmal die anderen Religionen aus buddhistischer Sicht ansehen, könnte man beispielsweise Jesus Christus als einen Buddha bezeichnen, da er in Menschengestalt auf die Erde gekommen ist und einen neuen Zyklus von Lehren begründet hat, der es den Menschen ermöglichen soll, die Wahrheit zu erkennen. Die Heiligen (als viele Bodhisattvas) haben seine Lehren dann weiter verbreitet.

Der Jainismus, eine der ältesten Religionen Indiens, leitet seinen Namen von Jaina ab, was so viel wie "großer Held" bedeutet, wie man Mahavira nannte. Jaina lebte mehr oder weniger zur selben Zeit wie Buddha Sakyamuni und hatte denselben Grad von Erkenntnis erlangt. Er war der letzte einer Überlieferungslinie von Propheten, von denen er eine ganze Sammlung von Lehren übermittelt bekommen hatte, deren Grundprinzip Ahimsa, die absolute Gewaltlosigkeit, war. Er machte aus diesen Lehren eine Religion, der man seinen Namen gab. Auch er kann als ein Buddha angesehen werden.

In unserer Tradition nennen wir die Gesamtheit der Lehren eines Buddhas Dharma. Aber man redet auch vom Rad des Dharma, da es sich dabei um eine zyklische Lehre handelt. Aus der Geschichte wissen wir, dass es zahlreiche Buddhas gab, und wir kennen immer noch ihre Lehren. Aber drei davon sind heute fast schon eine Legende, denn ihre Lehren sind zusammen mit ihnen untergegangen. Ihr Dharma richtete sich an frühere Menschheiten.

Buddha Sakyamuni ist also unserer Tradition zufolge der vierte Buddha, und es werden noch tausend weitere Buddhas erwartet!

Wenn nach dem tibetischen Buddhismus ein neuer Buddha erst erscheint, wenn der Lehrzyklus seines Vorgängers bereits zu Ende gegangen ist, fragen Sie sich vielleicht, warum dann Jesus bereits fünfhundert Jahre nach Buddha Sakyamuni aufgetaucht ist, d.h. noch während dessen System spiritueller Lehren aktiv war. In Wirklichkeit ist Jesus nicht erschienen, um die Lehren Buddhas zu ersetzen, sondern um ein neues "Lehrsystem" ins Leben zu rufen, das dazu dienen sollte, viele andere Menschen auf den Weg der Erkenntnis zu führen. Da die Lehren von Buddha Sakyamuni noch heute verfügbar sind, brauchen wir für unsere Entwicklung im Moment die Gegenwart und Hilfe von mitfühlenden Wesen, die sich freiwillig bereit erklären, in dieser Welt einen Körper anzunehmen. Wenn diese Wesen auf die Welt kommen, um die Menschen nach dem Lehrsystem von Buddha Sakyamuni zu unterweisen (d.h. indem sie diese Lehren offensichtlicher und sichtbarer machen), sind sie eine Manifestation des Mitgefühls Buddhas, und wir nennen sie Bodhisattvas. Wenn sie hingegen auf die Welt kommen, um die Menschen auf der Basis der Lehren von Christus zu unterweisen (und dieses System offensichtlicher, sichtbarer machen), nennen wir sie Heilige. In diesem Fall sind sie eine Manifestation des mitfühlenden Geistes von Jesus Christus.

Wir treffen in allen Traditionen der Welt auf ähnliche Wesen. Im Hinduismus sind es die Avataras und Mahavataras.

In Tibet haben wir unsere eigenen Methoden, um herauszufinden, ob ein Kind ein Bodhisattva ist, denn die Bodhisattvas hinterlassen ihren Schülern immer ganz klare Hinweise, bevor sie sterben, um anschließend schnell wiedergefunden werden zu können, was für ihre Aufgabe in der Welt von Vorteil ist. Der Karmapa konnte ganz genau voraussagen, wann und wo er wiedergeboren werden würde. Außerdem gibt es auch eine Reihe von besonderen Zeichen, die darauf hinweisen, dass eines dieser besonderen Wesen gerade dabei ist, auf die Welt zu kommen. Die Tibeter haben gelernt, diesen Zeichen große Aufmerksamkeit zu schenken, beispielsweise wenn das Wasser eines Flusses plötzlich die Farbe wechselt, wenn von einem Moment zum nächsten Regenbögen auftauchen, wenn Blumen unerwartet an Stellen aufblühen, wo sie normalerweise nie blühen, aber auch Visionen oder wenn aus dem Busen der Mutter im Moment der Geburt des Kindes außergewöhnlich große Mengen an Wasser oder Milch herausströmen werden ernst genommen.

Traditionell treten einige dieser Zeichen auch vor der Empfängnis auf: Es kann sich dabei um bestimmte Visionen handeln, besondere Töne, die die Mutter hört, ein spezielles Licht, das sie empfängt. Es kann auch sein, dass die Mutter in ihrer Vision einen Vajra (=Donnerkeil) aus Gold übergeben bekommt. Diese Vision wirkt wie ein "Traum", der jedoch in Wirklichkeit kein Traum ist und früh morgens zwischen drei und vier Uhr auftritt. Darüber hinaus gibt es auch noch andere Hinweise, die sich direkt beim Kind selbst manifestieren. Mehrere Reinkarnationen des Karmapa waren sofort, d.h. nur wenige Stunden nach der Geburt, in der Lage, sich aufzusetzen und zu sprechen. Ihr Geist war sofort sehr klar, sie erinnerten sich an alles, und das heißt, dass sie den Zustand des Bardo, den halluzinatorischen Zwischenzustand zwischen Tod und dem nächsten Leben, bei vollem Bewusstsein durchlaufen haben. Das ermöglicht es ihnen, ihre Mission an dem Punkt wieder aufzugreifen, wo sie im vorherigen Leben aufhören mussten, um sie jetzt weiterentwickeln zu können. Mit der Zeit werden sie nach und nach den anderen Kindern immer ähnlicher, aber ab und zu kommt es vor, dass das hervorbricht, was sie wirklich sind, beispielsweise in Form von besonders weisen Antworten oder Handlungen.

Es kommt inzwischen immer häufiger vor, dass diese Wesen ihre Reinkarnation fern von Tibet ankündigen. So hat beispielsweise Chögyam Trungpa, der uns 1986 oder 1987 verlassen hat, gesagt, dass er in Japan wiedergeboren und ein Wissenschaftler werden wird, um den fühlenden Wesen über diese Aktivität Wohltaten zukommen zu lassen. Aber er hat seinen Schülern auch die Anweisung gegeben, seine nächste Inkarnation nicht zu suchen, und diese respektieren seinen Willen bis heute. Es war offensichtlich, dass er dadurch nicht weniger buddhistisch werden würde, sondern dass er sich nur dafür entschieden hatte, den traditionellen Lauf der Dinge zu ändern.

Dasselbe spielt sich auch mit seiner Heiligkeit, dem 14. Dalai-Lama, ab. Wenn er sagt, dass er der letzte Dalai-Lama ist, so glaube ich, dass er damit nicht meint, dass er sich nicht mehr reinkarnieren wird, um den fühlenden Wesen zu helfen, sondern ganz einfach, dass er nicht mehr als Dalai-Lama von Tibet zurückkommen wird, der er heute ist. Sollte bei seinem Tod Tibet immer noch unter chinesischer Herrschaft sein, garantiert er damit schon im Voraus, dass niemand von den chinesischen Behörden dazu gezwungen werden kann, "ihr" Dalai-Lama zu werden und das zu tun, was sie von ihm verlangen.

Der Dalai-Lama hat diesen Punkt bereits in den Sechziger und Siebziger Jahren offiziell vor den Tibetern angesprochen, und die meisten von uns waren bestürzt darüber. Wir konnten den Sinn einer solchen Entscheidung nicht verstehen. Aber heute können wir den Grund dafür verstehen, weil wir sehen, was gerade mit der neuen Inkarnation des Karmapa passiert. Ausführlichere Informationen zu diesem Thema finden Sie im vorliegenden Buch unter dem Kapitel "K… wie Karmapa".

Wie ich bereits erwähnt habe, werden noch viele Bodhisattvas erwartet, und viele sind bereits schon hier. Trotz der verschiedenen Aspekte, die sie annehmen, ist jeder von ihnen eine Emanation von Avalokiteshvara, dem Buddhaaspekt des Mitgefühls. Das ist unsere Definition, die auf unsere kulturelle Tradition zurückgeht, aber es ist offensichtlich, dass sich die Bodhisattvas in allen Kulturen und allen Religionen manifestieren. In diesem Sinne sind die Buddhisten sehr offen. Die Wahrheit manifestiert sich überall. Es gibt hier keine Beschränkungen.

Diese Einstellung gibt den Buddhisten eine große Bewegungsfreiheit bei ihrer Suche nach nützlichen Lehren, die sie auf ihrem Evolutionsweg oder beim Vollbringen wohltätiger Handlungen zum Wohle der fühlenden Wesen weiterbringen. Beispielsweise begeben sich viele Buddhisten nach Puttaparthi in Südindien, wo Sathya Sai Baba wohnt. Große Menschen gibt es überall, und auch wenn wir nicht offiziell über sie sagen: "Das ist ein Bodhisattva", so sieht man das, was sie sind, aufgrund ihrer von Mitgefühl geprägten Handlungen ganz von selbst.

Die einzigen Beschränkungen, die wir kennen, beziehen sich auf bestimmte gefährliche Situationen, die für bestimmte Wesen nachteilige Auswirkungen haben könnten.

Mehr Informationen über die Bodhisattvas finden Sie außerdem unter dem Kapitel "G... wie Gelübde", denn jeder von uns kann ein Bodhisattva werden!

D... wie Devas

Buddha hat uns gelehrt, dass es sechs verschiedene Welten gibt, in denen Wesen leben, aber dass nur zwei dieser Arten von Wesen (die Menschen und die Tiere) sich auf einer physischen und materiellen Ebene entwickeln. Zu den anderen Wesen gehören auch die Devas, die als hochentwickelte, immaterielle Wesen angesehen werden, ganz ähnlich wie die Engel bei den Menschen der westlichen Kulturen.

Ihre Welt schwingt mit einer höheren Frequenz als unsere. Deshalb können auch viele Menschen diese Wesen nicht sehen und wissen nicht, wie sie mit ihnen kommunizieren könnten. Um dazu in der Lage zu sein, haben die Religionen ein System von Ritualen oder Gebeten entwickelt.

Die Devas können ihrerseits mehr oder weniger entwickelt sein, wie etwa die lokalen Engel oder kleinen Devas, die sich um die Pflanzen, den Wald und das Land kümmern, und an die man sich in den westlichen Traditionen noch mit unterschiedlichen Namen, wie Elfen, Feen usw., erinnert. Besonders die keltische und die griechische Mythologie haben noch

Spuren dieses Wissens bewahrt, das auch im Orient noch lebendig ist und fortbesteht.

Wir ignorieren ihre Existenz nicht und respektieren ihre Funktionen. Wenn wir also etwas an einem bestimmten Ort machen wollen, wie beispielsweise ein Haus bauen oder ein Seminar zum inneren Rückzug veranstalten, bitten wir sie stets um Erlaubnis.

Da viele Menschen nicht in der Lage sind, die Devas zu sehen und mit ihnen zu kommunizieren, haben wir Rituale entwickelt, die es möglich machen, dass jeder spürt, ob sie einverstanden sind oder nicht. Aus unserer Sicht kann uns zwar ein Stück Land gehören, weil wir es vielleicht gekauft oder von unseren Eltern vererbt bekommen haben, aber aus Sicht der Devas gehört das Land ausschließlich dem Planeten Erde, und sie sind die lokalen Wächter über dieses Stück Land.

Ohne ihre Erlaubnis kann es dort keine Harmonie geben. Es ist wichtig, dass bei unseren Handlungen alle Welten gleichermaßen respektiert werden.

Generell kann jeder so vorgehen, wie wir es tun: Wir beginnen damit, den Devas etwas anzubieten, das sie zufriedenstellt, um uns in Harmonie mit ihnen zu fühlen. Bei diesen Gaben kann es sich um Blumen, Räucherwerk oder ähnliche kleine Dinge handeln. Dann lesen wir einen Text vor, der ausdrückt, dass unsere Opfergabe symbolisch ist. Und dann visualisieren wir alle guten Dinge, wie Gegenstände, die einen

Wert haben, einen Überfluss an Nahrung etc. Bei-spielsweise können wir einen kleinen Stein opfern und ihn als einen wertvollen Diamanten visualisieren. Was die Devas übermittelt bekommen, ist das Gefühl, das wir mit unserer Opfergabe verbinden.

Wir verbinden das Anbieten dieser Gegenstände mit einer Visualisierung, weil das eine Methode dar-stellt, in uns schnell das Gefühl beim Übergeben eines Geschenks aufzubauen. Was die Devas in Wirklichkeit erhalten, ist nur unsere Einstellung, unser Gefühl und nicht die Dinge, die wir ihnen schenken. Je stabiler und klarer unsere Visualisierung ist, desto stabiler und klarer ist auch unsere wohlwollende Haltung und desto sicherer wird sich der Deva unserer guten Ab-sichten sein, was ihn wiederum glücklich macht, und ihn dazu bewegt uns bei unserem Projekt zu helfen.

Danach bitten wir die Devas, die in dieser be-stimmten Gegend leben, um Erlaubnis, das Stück Land für unsere Zwecke nutzen zu dürfen. Die richtige Einstellung ist mit Sicherheit nicht die eines Men-schen, der sich ihre Zustimmung erkaufen will, son-dern die eines Menschen, der sich ehrlich wünscht, dass seine Handlungen sich in Harmonie mit allen Wesen befinden mögen.

Viele von uns sind nicht sensibel genug, um die Antwort der Devas wahrnehmen zu können. Deshalb visualisieren wir sie, wie sie uns zustimmen, und setzen voraus, dass die Erlaubnis gegeben wird, wenn nicht innerhalb eines kurzen Zeitraums irgendeine negative Reaktion kommt. Anschließend können wir dann mit unserem Projekt fortfahren.

Das erinnert ein bisschen an die Tradition der Indianer Amerikas, die Tiere töten mussten, um zu überleben, es aber nie taten, ohne diese vorher um Erlaubnis gebeten zu haben. Wir glauben, dass diese Einstellung im Umgang mit allen Arten von Wesen aufrechterhalten werden sollte.

Wir können annehmen, dass die Reaktion negativ ist, wenn sich beispielsweise die Dinge unharmonisch entwickeln, wenn etwas schief zu laufen beginnt, sei es auf der Ebene unserer Gesundheit oder bei der Verwirklichung unseres Projekts oder aber in unseren Beziehungen zu anderen Menschen.

Auf jeden Fall gibt es keine schlechten Reaktionen, wenn wir uns generell höflich verhalten und um Erlaubnis bitten. Und die Devas geben uns in der Regel genauso höflich ihre Erlaubnis. Das ist ganz ähnlich, wie wenn man in ein anderes Dorf umzieht. Es ist eine gute Sache, sich den neuen Nachbarn gleich vorzustellen, damit sie verstehen, dass wir gut erzogen sind. Das begünstigt die Harmonie mit Sicherheit.

Wenn wir gelegentlich negative Reaktionen von seiten der Devas wahrnehmen, ist es angebracht, mehr zu beten und mehr Opfergaben darzubringen, um sie zu beruhigen und ihnen deutlicher klar zu machen, wer wir sind und was wir wollen. Genauso wie wir es mit einem misstrauischen Nachbarn in dem neuen Dorf machen würden...

Anschließend bitten wir die lokalen Devas erneut um ihre Erlaubnis, auf dem betreffenden Stück Land bauen zu dürfen, und meist reicht das schon aus.

Angesichts einer aggressiven Reaktion von Seiten der Devas, Tiere, Menschen oder Wesen aus einem anderen Reich hat uns Buddha gelehrt, immer auf dieselbe Weise zu reagieren: Noch mehr für das Wohl dieser Wesen beten, sie noch mehr lieben und ihnen wünschen, dass sie sich bewusst werden, dass ihre dualistische und antagonistische Haltung nichts weiter als eine Illusion ist. Er hat nicht gelehrt, eine Situation zu erzwingen – und noch weniger, irgendjemanden zu etwas zu zwingen oder gar Gewalt anzuwenden.

E... wie Erziehen

Die Lehren Buddhas lassen sich leicht auch auf die Kindererziehung anwenden, denn sie sind so universell, dass die Vorstellung unmöglich ist, sie gehörten ausschließlich der buddhistischen Kultur an.

Die meisten westlichen Eltern sind in Bezug auf die Erziehung ihrer Kinder manchmal etwas verwirrt und fragen sich, ob es besser ist, streng zu sein oder nicht, ob ein Klaps oder Anschreien angebracht sind, wenn Kinder aggressiv werden etc. Ihre Kinder scheinen nervöser zu sein, mehr Dinge zu fordern und eine größere Aufmerksamkeit zu verlangen, als das in der Vergangenheit der Fall war. Die Zeitungen sind voll von Schreckensnachrichten über die Baby-Killer, junge Drogenhändler, die selbst schon drogensüchtig sind.

Die Tibeter sind nun bekannt dafür, dass sie mit ihren Kindern besonders streng umgehen. Ich selbst wurde von meinem Onkel, dem Karmapa, erzogen, der selbst eine sehr strenge Disziplin einhielt und mich auf dieselbe Weise erzogen hat. Ich habe später entdeckt, dass diese Disziplin, die er mir auferlegt hat, mir im Leben extrem nützlich war, ebenso wie seine Unterweisungen über das Dharma. Diese Unterweisungen, die ich von ihm erhalten habe, haben in mir meine Qualitäten entwickelt, aber es war seine Disziplin, die ihnen ein festes Fundament gab. Ich erinnere mich, dass er mich ausschimpfte und mir gelegentlich einen Klaps gab, aber er stellte immer sicher, dass ich ganz genau verstanden hatte, warum.

Er verwandte stets größte Sorgfalt darauf, dass der Grund für seine Disziplin verstanden wurde, und obwohl wir meist im Moment nicht sehr begeistert darüber waren, akzeptierten wir doch auch, unsere Fehler einzugestehen. Diese Kombination aus Disziplin und Erklärungen machte uns die Tatsache bewusst, dass die Ursachen für unser Unglücklichsein nicht in der Disziplin selbst lagen, sondern auf unsere schlechten Handlungen zurückgingen. So fingen wir ganz langsam an zu begreifen, dass Glück und Unglück ihre Wurzeln in uns selbst haben. Und das ist eine der Grundlehren Buddhas.

Wir verstehen jetzt den Grund für seine Strenge. Seine Disziplin hat uns stark gemacht, und wir haben nach und nach eine Charakterstärke entwickelt, die keinen Schwankungen des emotionalen Geistes mehr unterworfen ist, die einerseits den Menschen erschöpfen und andererseits seine Handlungen (egal welcher Art) wirklich viel weniger effizient machen. Das gilt besonders dann, wenn es darum geht, eine schwierige Situation anzugehen. Man könnte auch denken, dass das möglicherweise nicht das Ergebnis seiner Disziplin gewesen sei, sondern eher der Lebensweise, die wir weit weg von unserem Zuhause Tibet im Exil führen mussten. Aber ich kann heute beobachten, dass die Mitglieder meiner Familie, die jünger als ich sind und trotzdem dieselbe strenge Erziehung erfahren haben, wenn auch unter sehr viel leichteren Lebensbedingungen, nicht anders sind als wir: Sie sind stabil, charakterfest, und man kann sich bei Schwierigkeiten auf sie verlassen.

Aber ich glaube nicht, dass es so wichtig ist, darüber zu diskutieren, ob Eltern nun strenger oder weniger streng auftreten sollten. Nehmen wir einmal an, Sie wären streng, Ihre Kinder hörten nicht auf Sie und Sie würden anfangen, sie anzuschreien. Hat das Ganze einen Sinn, wenn Sie nicht in der Lage sind, Ihnen zu erklären, warum sie dieses oder jenes nicht tun sollten? Daraus entsteht das Leiden.

Außerdem können Sie keine Disziplin von Seiten Ihrer Kinder erwarten, wenn Sie selbst nicht diszipliniert sind.

Wenn die Kinder, wenn sie klein sind, alles bekommen, was sie wollen, werden sie im Teenageralter große Verwirrung erfahren, weil sie sich unter so vielen Dingen entscheiden können und müssen. Sie werden von der immensen Vielfalt ihrer eigenen Wahrnehmungen wie hypnotisiert sein. Teenager fühlen sich voller Energie, in der Lage, alles zu erreichen, was sie wollen, über alles zu entscheiden. Aber sie haben niemanden, der an ihrer Seite steht und ihnen beibringt, stark zu sein und sich korrekt zu verhalten, wenn sie keine ausreichende Führung erfahren, wenn sie versuchen, ihre eigenen Entscheidungen zu treffen. Auf diese Weise verlieren sie nach und nach durch die damit einhergehenden Dispersionseffekte ihre Energie und werden immer schlapper. Wenn sie nicht diszipliniert sind, wird es für sie schwer, eine bestimmte Richtung zu verfolgen, die sie eingeschlagen haben. Und das Ergebnis ist eine Generation von ewig Heranwachsenden, denen es an Sicherheit und Stabilität fehlt und die in ihren ständigen Gefühlsschwankungen gefangen sind.

Für ein Kind ist es nicht einfach, Disziplin als etwas Gutes anzusehen. Wenn es Ihnen aber gelingt, ihm beizubringen, diese Sache, die ihm so schwer akzeptierbar erscheint, positiv anzugehen, wird es ihm leichter fallen, alle anderen Schwierigkeiten, alle anderen heiklen Situationen besser anzugehen, wenn es ein bisschen älter ist. Dann wird es zu einem Jugendlichen voller Energie heranwachsen, wie es alle jungen Leute sind, aber es wird dann auch die Fähigkeit haben, sich nicht von der erstbesten Schwierigkeit umwerfen zu lassen, wie etwa von Gefühlen der Traurigkeit und der Angst. Menschen, die sich von solchen Emotionen überschwemmen lassen, ohne zu wissen, dass das Leiden, genau wie das Glück, einzig und allein aus uns selbst kommt, werden unweigerlich immer verzweifelt eine Lösung im Außen suchen. Aber diese Lösungen sind stets negativ.

Seien Sie deshalb streng mit Ihren Kindern. Wenn es Ihnen nötig erscheint, sie auszuschimpfen, machen Sie das. Aber seien auch Sie selbst dabei diszipliniert, und lassen Sie nicht zu, dass Ihre eigenen Gefühle Sie überwältigen. Sie müssen die Wut herauslassen, wenn es nötig ist, aber ohne dabei irritiert zu sein. Und erklären Sie den Kindern immer, warum das, was sie gemacht haben, nicht richtig war, und dass das der Grund ist, weshalb sie unglücklich sind. Sie sind nicht unglücklich, weil sie von Ihnen ausgeschimpft wurden, sondern weil sie sich schlecht benommen und damit ein Schimpfen von Ihrer Seite ausgelöst haben.

F... wie Fähigkeiten

Trotz der Legenden, in denen die tibetischen Lamas als mit außerordentlichen Fähigkeiten ausgestattete Wesen beschrieben werden, sind die meisten von ihnen in Wirklichkeit ganz normale Personen. Und auch wenn sie über besondere Fähigkeiten verfügen, so liegt das weder daran, dass sie Tibeter sind, noch dass sie Lamas sind, sondern daran, dass sie Menschen sind, die einen sehr hohen Grad an Bewusstsein erreicht haben, so dass sie von physischen Phänomenen befreit sind. Bei diesen sog. "Fähigkeiten" handelt es sich nicht um eine besonders wirksame Form von Energie, die diese Menschen im Gegensatz zu uns besitzen, sondern um eine größere Freiheit gegenüber den Beschränkungen, denen die Menschen üblicherweise unterworfen sind.

Um nur ein Beispiel aus der jüngeren Vergangenheit zu nennen: Während der Kulturrevolution wurden in Tibet viele Lamas ins Gefängnis gesteckt, weil sie eine spirituelle Kultur vertraten, die von den Chinesen nicht erlaubt wurde. Einige von ihnen hatten bereits einen sehr hohen Erleuchtungsgrad erreicht, so dass wir sagen könnten, sie "akzeptierten", in ihren Gefängniszellen zu bleiben. In Wirklichkeit waren sie jederzeit in der Lage, sich davonzumachen, wann immer sie wollten - und ich meine damit nicht mit Hilfe ihres berühmten "zweiten Körpers", den die westlichen Menschen "Astralkörper" nennen, sondern sie waren in der Lage, mit ihrem physischen Körper das Gefängnis zu verlassen, ohne sich dabei um irgendwelche Mauern oder Schlösser zu kümmern.

Das hat nichts mit Magie zu tun, denn bei der Magie geht es immer um etwas, dass man sich für sich selbst wünscht*. Bei den Lamas allerdings geht es um ihre innere Entwicklung.

Ich möchte damit sagen, dass sie nie versucht haben, sich irgendeine Fähigkeit anzueigenen. Diese Fähigkeiten manifestieren sich von selbst, wenn keine Anhaftungen in unserer Beziehung zu physischen Dingen mehr vorhanden sind. Wenn wir uns von dieser Anhaftung befreien, zeigt sich uns die scheinbare physische "Wirklichkeit" plötzlich als das, was sie tatsächlich ist: eine reine Kreation unseres Geistes, ohne jede eigenständige Existenz. Der Unterschied zwischen einem erleuchteten Wesen und einem, das es noch nicht ist, besteht genau darin, dass das erleuchtete Wesen sich der schöpferischen Kraft seines Geistes bewusst ist, so dass

---

* Siehe auch unter "M... wie Magie".

es ein verantwortlicher Schöpfer ist. Hingegen ist sich das noch nicht erleuchtete Wesen dieser Tatsache noch nicht bewusst und glaubt noch, dass die Schöpfung eine unabhängige Existenz habe. Es glaubt, nichts machen zu können, um sie zu ändern. Damit ist es in Wirklichkeit ein Gefangener seiner eigenen Illusion.

Die Lamas, von denen hier die Rede ist, waren sehr geschwächt und ihr physisches Leben war im Gefängnis extrem schwierig, zumindest aus unserer Sicht. Aber auch wenn sie geschwächt waren, hätte sie niemand gegen ihren Willen dort halten können, denn sie besaßen die Fähigkeit, sich eine andere physische Wirklichkeit zu erschaffen.

Da sie, befreit von jeder Illusion, die Dinge mit absolutem Gleichmut betrachteten, gab es für sie in ihrem Zustand als Gefangene kein Leiden. Es war auch keine Bestrafung für sie, und selbst ihre Verfolger konnten nichts gegen sie ausrichten. Für diese Lamas gab es keinen Unterschied zwischen dem Gefängnis und einem prächtigen Palast, und es war diese Qualität ihres Geistes, die sie so stark machte. Darin bestand ihre machtvolle Fähigkeit.

Stellen Sie sich unter Lamas keine Personen wie Superman vor. Manche Lamas sind eher kräftig gebaut, andere haben eine schwächere Körperkonstitution, doch alle haben sanfte Umgangsformen. Und darüber hinaus ist ihr Geist vollständig von allem befreit, was in irgendeiner Form bedingt ist. Das ist der wichtigste Punkt dabei: Sich von jeder Konditionierung befreit zu haben, bedeutet nicht, nichts mehr zu spüren, sondern im Gegenteil ein starkes Mitgefühl zu spüren und Werke für alle Lebewesen zu vollbringen.

Um so zu werden, haben sie eine große innere Übungspraxis hinter sich gebracht, bei der ihr Geist langsam immer klarer wurde und schließlich in der Lage war, den Sinn aller Dinge zu verstehen. Er ist also eins mit der Weisheit selbst geworden, die das Wissen um unsere innere Natur und die aller fühlenden Wesen umfasst.

Die Weisheit ermöglicht es ihnen, alles als eine interessante, positive und förderliche Erfahrung zu sehen, anstatt ein Geschehen nach den Kategorien unserer konditionierten Persönlichkeit zu bewerten.

Eine der berühmten "Fähigkeiten" der Tibeter ist die Fähigkeit, extrem niedrige oder extrem hohe Temperaturen auszuhalten. Diese Fähigkeit, genannt Tumo, war an den Rückzugsorten im Himalaya sehr nützlich, aber in Wirklichkeit bestand das Ziel der Lamas nicht darin, diese Fähigkeiten zu erlangen.

Tumo ist eine ziemlich tiefgehende Übung, bei der man lernt, seine Energie durch Visualisierung einer bestimmten Energieform in den zentralen Energiekanal zu lenken (unter "Energiekanälen" verstehen wir die Kanäle, in denen die feinstoffliche Energie fließt).

Ziel ist es, bei der Meditation eine perfekte Position beizubehalten. Dadurch wird der Geist des Meditierenden klarer und erlaubt es ihm so, schneller die wahre Natur seines Geistes zu erkennen.

Der Körper wird dadurch aufgeheizt, aber das ist nur ein Nebeneffekt, den die Lamas eigentlich nicht anstreben. Man wird dabei so heiß, dass man beispielsweise, wenn man auf dem Schnee sitzt, zusehen kann, wie der Schnee um einen herum wegschmilzt.

Ein anderer Nebeneffekt davon ist, dass man sehr hohe Temperaturen aushalten kann. So erzählt Archie Fire Lame Deer, ein weiser Indianer aus Amerika, dass er einmal den 14. Dalai-Lama zu einer privaten Zeremonie in einer Schwitzhütte eingeladen und die Temperatur ganz bewusst sehr hoch ansteigen lassen hatte, um zu sehen, wie der Dalai-Lama darauf reagieren würde. Er war überrascht zu sehen, dass beim Meditieren kein Tropfen Schweiß auf dem Körper seiner Heiligkeit auftrat, doch sobald sie beide das Zelt verlassen hatten, fing der Dalai-Lama an, Wasser aus allen Poren zu schwitzen.

All diese "Fähigkeiten" sind für denjenigen, der die Wahrheit sucht, nicht von Interesse, denn sie sind immer noch ein Teil der Illusion. Folglich versucht man sie in Wirklichkeit nicht zu erlangen, sondern sie stellen sich von selbst als Nebeneffekte auf unserem spirituellen Weg ein. Das ist wie bei den Mönchen, die knackige Muskeln bekommen wegen der vielen Kniebeugen, die sie machen, wobei der Grund, weshalb sie ständig niederknien, natürlich nicht darin besteht, Muskeln zu bekommen. Sie knien nieder, um ihr Vertrauen in Gott, ihre Demut zu bezeugen und zu erhöhen. Ihre geistige Einstellung unterscheidet sich damit völlig von der eines Sportlers, der trainiert, um größere Körperkraft zu erlangen.

Ein weiterer Nebeneffekt ergibt sich aus dem sog. Traumyoga. Diese Übung lehrt uns, wie wir beim Schlafen bewusst bleiben können, um zu verstehen, dass unsere Träume nur Träume sind, d.h. Sie träumen – und dabei wissen Sie, dass Sie träumen. Diese Fähigkeit ermöglicht es uns, die Illusion zu erkennen, wenn sie uns begegnet, und damit auch zu erkennen, wenn wir im Bardo, diesem halluzinatorischen Zwischenzustand zwischen dem Tod und dem nächsten Leben, sind oder aber in der alltäglichen illusorischen "Wirklichkeit", in der die physischen Empfindungen, wie alles andere auch, von unserem Geist erzeugt werden. Durch das Erkennen dieser Tatsache werden wir uns befreien.

In der Regel wird mit dieser Übung kurz vor dem Einschlafen begonnen, und sie wird dann beim Schlafen fortgeführt. In Wirklichkeit schläft Ihr Körper, aber Ihr Geist ist bei Bewusstsein. Auch wenn Sie träumen, merken Sie, dass es sich dabei um einen Traum handelt, und Sie bestimmen als Meister, wo es lang geht. Es ist genauso, wie wenn Sie sich einen Film anschauen und wissen, dass es sich um einen Film handelt. Sie können also z.B. versuchen, Ihren Traum in eine bestimmte Richtung zu lenken, und dieses Training solange fortsetzen, bis Ihr Geist rund um die Uhr bei Bewusstsein ist. Von da an können Sie in jedem Moment zum Wohle der Lebewesen wirken. Es gibt noch eine höhere Stufe dieser Übung, bei der man den Geist entspannen und vom Körper loslösen kann, ohne dabei einzuschlafen, aber das ist keine gewöhnliche Übung.

Das Traumyoga wird normalerweise bei den Retreats (Zeiten des Rückzugs in die Stille) unterrichtet. Es handelt sich dabei um keine Unterweisung, die einer kleinen Gruppe vorbehalten ist, aber sie wird auch nicht dem ganz großen Publikum zugänglich gemacht, denn der Meister muss sichergehen können, dass sie nicht zu negativen Zwecken missbraucht wird.

Ist bei einem Menschen beispielsweise das Mitgefühl noch nicht ausreichend entwickelt, so wird er sich dieser Technik nicht für den richtigen Zweck bedienen, der im Wohle der anderen besteht, sondern sie beispielsweise zum Erreichen eines egoistischen Ziels einsetzen und so für sich negatives Karma produzieren. Darüber hinaus wäre auch sein Meister letztendlich dafür verantwortlich. Deshalb muss dieser weise genug sein, um zu wissen, wer diese Unterweisung erhalten kann und wer nicht.

Es kommt uns fast unmöglich vor, eine Lehre wie das Traumyoga für üble Zwecke zu benutzen, aber tatsächlich kann alles verwendet werden, um Böses zu tun. Stellen Sie sich vor, Ihr Geist wäre bewusst und vollständig von Ihrem Körper gelöst. Stellen Sie sich vor, Sie seien noch nicht reif genug... Ihr Geist könnte in diesem Falle leicht durch Ihre Neugierde angestachelt werden, hierhin und dorthin zu schweifen und Ihre Nase in das Privatleben anderer Menschen zu stecken.

Es gibt bei den Tibetern auch eine Art Körperyoga, das ein bisschen dem indischen Hatha Yoga ähnelt. Es dient dazu, den Praktizierenden bei guter Gesundheit zu halten und ihn mit guter Energie zu versorgen, damit er beim Meditieren einen klaren Geist behält. Aber die Tibeter haben keine besondere Vorliebe für physische Aktivitäten, weshalb diese Yogaform auch nicht so häufig praktiziert wird wie das Hatha Yoga in Indien.

Nahezu alle Informationen, die die westlichen Menschen über die sog. "Fähigkeiten" der Tibeter erhalten haben, wurden ihnen durch die Bücher von Lobsang Rampa übermittelt. Als ich sie las, dachte ich, der Autor verfolge damit ein geheimes Ziel, denn alles, was er erzählt, ist fast immer aus symbolischer Sicht wahr, aber völlig übertrieben. Auch wir benutzen

Symbole, und sie sind häufig übertrieben. Schauen wir uns beispielsweise die traditionellen Bilder von Mahakala an. Ich glaube nicht, dass der echte historische Mahakala wirklich so war!

Rampa sagt, dass seine Seele von seinem früheren Körper in einen neuen Körper wandern konnte. Aus historischer Sicht ist diese Fähigkeit offiziell anerkannt, aber es wird angenommen, dass es sich dabei um eine Technik handelt, die seit der Epoche von Milarepa verloren gegangen ist. Deshalb fällt es uns ein bisschen schwer zu glauben, dass Lobsang Rampa im Stande ist, sich dieser Technik noch zu bedienen.

Der Überlieferung der Lehren des Kagyü zufolge war der Letzte, der diese Fähigkeit noch besaß, der Sohn Marpas, der Meister Milarepas. Es heißt, er sei vom Pferd gefallen, und sein Körper war kurz davor zu sterben. Da er keinen anderen verfügbaren menschlichen Körper fand, beschloß er also, seine Seele in den Körper einer Taube wandern zu lassen, damit nach Indien zu fliegen und sich dort einen indischen Körper zu suchen.

In der Vergangenheit waren diese Techniken wahrscheinlich ziemlich verbreitet, da auch von einem anderen indischen Yogi, Thampa Sangye, erzählt wird, der nach Tibet gekommen ist und dort viele Belehrungen erteilt hat. Er wird als sehr schöner Mann adligen Ursprungs beschrieben, d.h. von hohem gesellschaftlichen

Rang. Einmal soll es vorgekommen sein, dass er seinen Geist in einen anderen Körper wandern lassen und dafür seinen Körper einen Moment lang verlassen musste. Aber in der Zwischenzeit hatte ein anderer Yogi, der überhaupt nicht schön war, den schönen leeren Körper von Thampa Sangye gesehen. Er ließ seine Seele dort hineinschlüpfen und ließ seinen alten häßlichen Körper zurück. Als Thampa Sangye zurückkam, fand er seinen Körper nicht mehr. Da war nichts zu machen. Er war gezwungen, seine Seele in den häßlichen Körper schlüpfen zu lassen.

Was Lobsang Rampa erzählt, ist also aus technischer Sicht möglich, aber schwer zu glauben.

Wahrscheinlich wollte Lobsang Rampa damit zeigen, wie mächtig der menschliche Geist ist. Und wenn das sein Ziel war, dann hat er gute Arbeit geleistet.

Er beschreibt auch eine Operation zur Öffnung des dritten Auges. Es handelt sich dabei um eine Operation, die man eigentlich in einem rein symbolischen Sinne betrachten müsste. Das dritte Auge ist ein Chakra und außerdem das Symbol der Weisheit. Wenn man also sagt, dass jemand sein drittes Auge öffnen müsste, heißt das eigentlich, dass er seine eigene tiefe Buddhanatur erkennen müsste, die aus Weisheit besteht. Er müsste sehen, inwieweit die sog. Wirklichkeit, die von unserem eigenen Geist erschaffen wird, bar jeder eigenständigen Existenz ist.

Eine physische Operation, wie er sie beschrieben hat, hat nichts mit der feinstofflichen Realität eines Chakras zu tun. Man könnte sich einen Heiler vorstellen, der in der Lage ist, die Chakras und die Energiekanäle zu sehen, in denen die feinstoffliche Energie fließt. Man könnte sich vorstellen, wie er dieses Chakra durch Handauflegen reinigt. Aber es macht wirklich überhaupt keinen Sinn, eine physische Operation an einer nicht-physischen Realität vorzunehmen.

Beispielsweise kommt es bei den Initiationen bisweilen vor, dass der Lama uns an der Stelle des dritten Auges berührt. Das ist eine symbolische Geste, um uns zu sagen, dass die Lehren, die wir von nun an erhalten werden, und die Übungen, die wir machen werden, die Macht besitzen, unseren Geist für die Weisheit zu öffnen.

Es kann allerdings auch vorkommen, dass ein hochgradig erleuchteter Meister Ihnen direkt die Samen seiner eigenen Erkenntnisse überträgt, indem er Sie auf diese Art berührt. Man könnte sagen, er bedient sich Ihrer feinstofflichen Energie und geht dabei so vor, dass er Ihren rationalen konditionierten Geist den Bruchteil einer Sekunde lang ein bisschen in den Hintergrund rückt, so dass es möglich wird, mit Ihrer tiefen Natur zu arbeiten oder mit Ihrem intuitiven Gehirn. Die Samenkörner, die Sie auf diese Weise empfangen haben, werden wahrscheinlich erst später ihre Früchte tragen, wenn sich bestimmte Umstände in Ihrem Leben einstellen. Dann werden Sie endlich entdecken, was der Meister Ihnen schon viele Jahre zuvor übermittelt hat.

Zu den berühmten "Fähigkeiten" der Tibeter gehört auch noch die Levitation, die nichts mit dem weit verbreiteten Bild eines in der Luft schwebenden Lamas zu tun hat! Die Levitation stellt sich bei bestimmten Übungen und Meditationen ein, bei denen der Übende lernt, seinen Atem zu kontrollieren. Sie steht in Zusammenhang mit dem, was man auch die "Übungen für ein langes Leben"* nennt, sowie mit anderen Übungen, bei denen es darum geht, unsere Energie beim Meditieren auszugleichen, um größere geistige Klarheit zu erlangen.

Der Yogi führt daher bisweilen den sog. "Levitationssprung" aus, bei dem er seine gesamte Energie im zentralen Energiekanal ansammelt und ziemlich hoch springt, obwohl er dabei weiterhin die Position des Lotussitzes beibehält. Aus dieser Position fällt er praktisch sofort wieder ziemlich schwerfällig herunter.

Die vielleicht überraschendste Levitationsform ist die, die beispielsweise von zwei Nonnen aus meiner

---

* Bei den Übungen für ein langes Leben verlangsamt man den Alterungsprozess, indem man die feinstoffliche Energie und den Sauerstoff im Blut mit Hilfe einer besonderen Atemtechnik erneuert.

Familie praktiziert wird, die alle beide Schwestern meines Urgroßvaters sind. Man hat beobachtet, wie sie im Meditationszustand auf dem Dach der Terrasse unseres dreistöckigen Hauses herumbalanciert und dann in den zentralen Innenhof hinuntergesprungen und dort langsam und leicht wie Federn gelandet sind. Die Ältere von beiden hatte die meiste Erfahrung, und sie war daher auch in der Lage, langsamer und mit größerer Leichtigkeit zu landen.

Beide hatten die Angewohnheit, diese Übung während ihres Rückzugs in die Stille zu wiederholen, als ob es sich dabei um einen Test handeln würde, um zu verstehen, auf welcher Ebene sie tatsächlich in Bezug auf die Atemkontrolle angekommen waren. Sie machten das im Privaten, doch einmal, als sie glaubten, es sei niemand zu Hause, wurden sie von einem Zeugen dabei beobachtet.

Und dann gibt es noch die sog. "unsichtbaren Lamas". Laut Buddhismus wurde alles mit Hilfe unseres Geistes erschaffen, und nichts erfreut sich einer unabhängigen Existenz von diesem Geist. Wir nennen diese Vorstellung "Leere". Aber auch wenn wir eine intellektuelle Vorstellung davon haben können, heißt das noch lange nicht, dass wir uns ihrer gewahr sind. Stellen Sie sich jetzt einmal einen winzigen Augenblick lang vor, es würde Ihnen gelingen, diese Vorstellung geistig zu erfassen. Wenn Sie also das Mitgefühl wahrnehmen können, werden Sie zum Mitgefühl, und wenn Sie die Leere wahrnehmen können, werden Sie zur Leere. Das heißt also, Sie klammern sich nicht mehr an Formen fest. Sie werden zu etwas Formlosem – und daher unsichtbar.

Der Körper ist ein Schöpfungsprodukt unseres Geistes, wenn wir also die wahre Natur des Geistes erfassen, können wir den Körper auflösen. Und unsere Ausbildung, die darin besteht, immer wieder unsere Visualisierungen aufzulösen, bereitet uns darauf vor, eines Tages auch die Dinge aufzulösen, von denen wir heute noch glauben, sie besäßen eine unabhängige Existenz.

Diese "Fähigkeit" kann zu einem ganz bestimmten Zweck offen zur Schau gestellt werden, wie etwa bei dem von Lama Ole Nydahl erzählten Fall. In seiner Autobiografie "Der Buddhas vom Dach der Welt"* erzählt Lama Ole, wie er einmal in Nepal einen Lama getroffen hat, der in der Lage war, unsichtbar zu werden. Zu jener Zeit war Lama Ole noch ein junger, verwirrter Europäer, aber er berichtet, dass ihn dieses Ereignis tief berührt hat und dass es eines von jenen Ereignissen war, die den Lauf seines Lebens verändert haben. Diese "Fähigkeit" kann auch spontan zu Tage treten, genauso wie jemand, der

---

* Ole Nydahl: Die Buddhas vom Dach der Welt. Aurum im Kamphausen Verlag 2003.

das Mitgefühl realisiert hat, auf ganz natürliche Weise mit Mitgefühl handelt.

Ich erinnere mich auch noch an eine Zeremonie zu Ehren der "schwarzen Krone"* in Ladhak, bei der viele Menschen zusehen konnten, wie der 16. Karmapa plötzlich gestaltlos wurde und nur noch ein großes weißes Licht unter der Krone zu sehen war. Und im selben Moment konnten viele von den Muslimen, die ebenfalls in großer Zahl zu diesem Fest gereist waren, im Innern des weißen Lichts einen alten Mann mit einem weißen Bart erkennen, der einen Vogel auf der rechten Schulter und eine kleine Kopfbedeckung auf dem Kopf hatte.

Da diese Gruppe von Muslimen die gestaltlose Natur des Geistes nicht realisiert hatte, da sie dem konditionierenden Einfluss ihrer eigenen Kultur unterworfen und deshalb nicht in der Lage war, sich den Karmapa ohne Gestalt vorzustellen, gelang es ihr, ihn sich in anderer Gestalt vorzustellen.

Vielleicht war das eine Botschaft an alle Anwesenden: Der Buddhismus und der Islam sind nichts anderes als unterschiedliche Formen der Wahrheit ohne Gestalt.

---

* Siehe auch "K... wie Karmapa".

G... wie Gefühle und Emotionen

Wir alle werden von Gefühlen und Emotionen beeinflusst: Manche Dinge gefallen uns und andere nicht, dasselbe gilt für Personen und Situationen. Und wenn sie uns nicht gefallen, denken wir in der Regel, dass der Grund für unser Leiden von außen kommt, von der Situation oder der Person, die uns nicht gefällt. Daraufhin versuchen wir das, was wir als den äußeren Grund ausgemacht zu haben glauben, zu verändern. Doch dadurch schaffen wir uns im Allgemeinen noch mehr Leiden und noch mehr Feinde etc. Und in uns nimmt die Wut immer mehr zu.

All das bedeutet, dass wir uns nicht auf die Suche nach der äußeren Ursache machen müssen, wenn wir unser Leiden verringern wollen, denn in Wirklichkeit befindet sich die Ursache in uns selbst. Wenn wir dort suchen, können wir das Leiden überwinden.

Generell sind in der westlichen Kultur Gefühle und Emotionen sehr geschätzt, und die Leute begreifen nie, weshalb wir uns von ihnen freimachen sollten. In dieser Kultur wird alles dafür getan, um die Dinge aufregend zu machen. Und was aufregend ist, ist auch

sehr interessant. Aber wenn Sie sich davon völlig vereinnahmen lassen, wird es weniger interessant – wie
wenn Sie sich einen Horrorfilm anschauen. Wenn Sie
beim Anschauen des Films keinen Abstand zu der
Geschichte bewahren können, wird er Ihre Sinne völlig auf den Kopf stellen und Ihre Fähigkeit aktivieren,
Gefühle zu produzieren, so dass Sie letztendlich Angst
empfinden. Außerdem werden Sie, nachdem das "spannende" Ereignis vorüber ist, etwas enttäuscht sein,
und Sie werden nach dem nächsten suchen. Und so
wird es Ihr ganzes Leben lang weitergehen, immer gefangen zwischen der Erwartung von etwas Neuem und
der Enttäuschung, zwischen Zuständen von vorübergehender Zufriedenheit und längeren Perioden der
Frustration.

Die Tatsache, sich nicht vollständig von den Ge-
schehnissen vereinnahmen zu lassen, bedeutet nicht,
dass sie uns kalt lassen, uns gleichgültig sind oder dass
wir traurig sind: Es gibt einen Riesenunterschied zwischen Gleichgültigkeit und Abstand. Der wichtigste
Unterschied zwischen den beiden ist das Mitgefühl,
denn wenn Ihr Geist ruhig ist, ist es dieser Aspekt
Ihrer wahren Natur, der sich manifestiert. Schauen wir
uns zum Beispiel einen Arzt an: Wenn er sich von seinen Gefühlen leiten ließe, hätte er keinen klaren
Verstand, und seine Effizienz wäre sehr begrenzt. Und
wahrscheinlich würde der Patient die Auswirkungen

zu spüren bekommen. Aber wenn der Arzt statt des Abstands Gleichgültigkeit kultivieren würde, dann würde er sich wirklich nicht richtig um seinen Patienten kümmern, und dieser würde in diesem Fall wahrscheinlich den Kürzeren ziehen.

Wir sind es gewohnt, unsere Gefühle in positive (wenn uns etwas gefällt) und negative (wenn uns etwas nicht gefällt) zu unterscheiden, aber es wäre gut, wenn wir uns eingestehen würden, dass es sich dabei um eine Sichtweise handelt, die völlig relativ ist. In Wirklichkeit sind Gefühle weder positiv noch negativ. Hier gilt das Gleiche wie beim Geld: Alles hängt von seinem Gebrauch ab.

Die Wirklichkeit sieht so aus, dass im Allgemeinen nicht Sie es sind, die Ihre Gefühle benutzen, sondern die Gefühle, die Sie benutzen. Das geht so weit, dass daraus großes Leiden und große Aufregung entsteht. Um diese Situation umzukehren, müssen Sie lernen, sie zu steuern. Wenn Sie das schaffen, werden Ihre Gefühle aufhören, sich Ihres Verstandes zu bedienen, und Sie werden anfangen, sich ihrer zu bedienen. Das wäre weitaus besser... Ihr Geist würde ruhiger, und stabiler werden, und Ihr Leiden würde abnehmen.

Und wie lernen wir das jetzt?

Sehen wir uns zunächst einmal an, was wir unter "Stabilität des Geistes" eigentlich verstehen, damit wir wissen, nach was wir suchen sollen.

Der Geist ist stabil, wenn er sich nicht von dem ablenken lässt, was um uns herum passiert. Das bedeutet nicht, so stark konzentriert zu sein, dass wir nicht sehen, was passiert, sondern nur, dass das, was passiert, uns nicht mehr stört. Ein ruhiger Geist ist kein schläfriger oder lethargischer Geist, sondern ein extrem bewusster Geist, der klar und energiegeladen ist. Wenn das Wasser klar ist, können wir sehen, wie der Grund des Teiches beschaffen ist, und wenn der Geist klar ist, können wir unsere wahre Natur sehen. Ihr mitfühlender Aspekt wird sichtbar und kann durch Sie wirksam werden.

Sehen wir uns im Folgenden einige Vorschläge an, wie wir negative Gefühle umwandeln können, wenn sie auftauchen.

Zunächst muss gesagt werden, dass Sie nicht davon ausgehen sollten, dass Ihnen das sofort gelingt. Man muss dazu lange üben und es immer wieder probieren, und diese neue Einstellung muss sich dadurch festigen.

Die neue Einstellung, die es zu kultivieren gilt, besteht nur aus ein paar wichtigen Punkten:

1. Hören Sie auf zu glauben, dass die Ursache Ihrer negativen Gefühle außerhalb von Ihnen liegt. Sie kommt ausschließlich aus Ihrem Inneren. Sie glauben, dass jemand Sie wütend gemacht hat, aber in Wirklichkeit ist dem nicht so.

2. Suchen Sie nach der inneren Ursache Ihrer negativen Gefühle: Warum gefällt Ihnen diese oder jene Person nicht? Kann es sein, dass eine ihrer Reaktionen nicht auf Unwissenheit beruht? (Unwissenheit ist nicht dasselbe wie Dummheit. Das bedeutet also, dass jemand gleichzeitig sehr intelligent sein kann, aber nicht weiß, woher seine Emotionen kommen und wie er sie steuern kann.)

3. Fragen Sie sich, ob die Unwissenheit jener Person sich so stark von der Ihren unterscheidet: Sie werden sehen, dass Sie beide unter derselben Verblendung leiden.

All das wird Ihren Gefühlszustand beruhigen und Sie offener für das Verständnis machen. Anstatt weiter zu diskutieren und zu versuchen, den anderen von der Richtigkeit Ihrer Sichtweise zu überzeugen und dabei immer mehr Wut in sich anzustauen, werden Sie die Sache von einer anderen Ebene aus angehen, von der aus Lösungen möglich sind.

Verständnisvoll sein heißt, sich an die Stelle seines Gegners zu versetzen.

Verständnis heißt nicht, dass Sie unweigerlich zu allem Ja und Amen sagen müssen, was der andere macht und wie er vorgeht. Es heißt einfach, dass Sie wissen, wie sein persönlicher Geist funktioniert, weil Sie angefangen haben, Ihren eigenen zu analysieren.

Das wird Sie dazu bringen, die Position des anderen vorübergehend zu akzeptieren und sogar seinen Fehler zu tolerieren, wenn er dabei bleiben will, weil Sie verstanden haben, dass er durch diesen Fehler etwas lernen wird.

G... wie Geheimnisse

Unserer Tradition zufolge können die Lehren nicht an Menschen weitergegeben werden, die nicht bereit sind, den rechten Gebrauch davon zu machen, denn wenn die Schüler schlechten Gebrauch davon machen würden, wäre der Lama auch karmisch dafür verantwortlich. Einige Beispiele, wie man schlechten Gebrauch von bestimmten Unterweisungen machen kann, werden im Kapitel "F... wie Fähigkeiten" beschrieben.

Viele der Lehren wurden daher tradtitionell geheim gehalten und nur an diejenigen weitergegeben, die der Lama als geeignet erachtete, um diese Belehrungen zu empfangen. Dasselbe passierte auch in der christlichen Esoterik und wird von Jesus in folgendem Satz zum Ausdruck gebracht: "Werft keine Perlen vor die Säue". Damit wollte er nicht sagen, dass die nicht vorbereiteten Personen als Schweine angesehen werden sollten, sondern einfach nur, dass es immer Leute gibt, die nicht im Stande sind, bestimmte Dinge zu schätzen und die deshalb wahrscheinlich schlechten Gebrauch davon machen würden (in unserem Beispiel würden die Schweine die wertvollen Perlen auffressen). Deshalb müssen sie denen vorbehalten werden, die sie zu schätzen wissen und sinnvollen Gebrauch davon machen.

Da die Kommunikationsmöglichkeiten heute viel einfacher sind als in der Vergangenheit, können die Lamas in der heutigen Zeit viel mehr Menschen treffen, als in der Zeit, als sie in Tibet lebten. Damit haben sie auch eine größere Chance, genügend Personen zu finden, die bereit sind, ihre Lehren anzunehmen.

Was uns in die Lage versetzt, Lehren anzunehmen und guten Gebrauch davon zu machen, ist das Mitgefühl. Auch wenn Sie noch Gefühle und Emotionen haben, von denen Sie nicht wissen, wie Sie damit umgehen sollen, auch wenn Sie von Zeit zu Zeit Wutanfälle bekommen, auch wenn Sie bisweilen auf eine Weise handeln, die Sie eigentlich ablegen wollten, so wird es, wenn Sie genügend Mitgefühl entwickelt haben, nicht wirklich vorkommen, dass Sie schlechten Gebrauch von dem, was Sie gelernt haben, machen werden. Denn das Ziel aller Lehren Buddhas besteht in der Befreiung aller Lebewesen vom Leiden.

Bei unseren Ritualen und Übungen gewöhnen wir uns nach und nach daran, Verbindung zu einer großen Energie aufzunehmen. Die Rituale, Übungen, Meditationen, Mantras, Mudras, Mandalas und Visualisierungen sind alle darauf ausgerichtet, unsere wahre, mitfühlende und machtvolle Natur zu erkennen, bringen aber auch einige nicht direkt angestrebte Nebeneffekte mit sich, wie die berühmten Siddhis oder Fähigkeiten. Wenn sich diese Siddhis bei Ihnen manifestieren, bevor Ihr Mitgefühl genügend ausgebildet ist, könnten Sie sie zu egoistischen Zwecken verwenden und dadurch immer mehr in die Falle des Dualismus geraten, weil Sie dies und jenes wollen, und schließlich eine Art Einfluss auf diejenigen ausüben, bei denen sich die Siddhis noch nicht manifestiert haben. Man denkt dann möglicherweise, Sie seien ein "Zauberer" oder ein "Genie", und folgt Ihnen, gehorcht Ihrem Willen etc. - und verfängt sich damit immer mehr in der Illusion.

Wenn Sie aber erst einmal gelernt haben, wie die Energie funktioniert, und mitfühlend und gleichmütig geworden sind, werden Sie beispielsweise Gebrauch davon machen, um zu heilen. Aber wenn Sie nicht mitfühlend sind, werden Sie vielleicht genau in die andere Richtung aktiv werden, indem Sie alles in Ihrer Macht stehende tun, damit Ihr Nachbar einen Nervenzusammenbruch bekommt oder krank wird, einzig und allein deshalb, weil er Ihnen unsympathisch ist.

Im Laufe der Geschichte ist es bisweilen vorgekommen, dass ein Meister einem Schüler Belehrungen gab, die er noch nicht bereit war zu empfangen. Manchmal ist es dem Meister gelungen, dem Schüler zu helfen, sich zu verändern und mitfühlender zu werden, aber manchmal ist es auch fehlgeschlagen.

Für all diejenigen, die noch von ihren eigenen Emotionen beherrscht werden und denen es an Mitgefühl mangelt, gibt es Unterweisungen über die Art und Weise, wie man mit den Emotionen umgehen, sie verwandeln und sich ihrer bedienen kann. Sie sind wie ein Stein, mit dem wir unseren eigenen spirituellen Weg pflastern. Nach und nach entwickeln auch diese Menschen Mitgefühl, da es eine Qualität ihrer wahren Natur ist. Häufig entdecken sie bei der Selbstanalyse das Mitgefühl in ihrem Innersten.

G... wie Gelübde

Nicht alle tibetischen Lamas sind Mönche, denn "Lama" bedeutet einfach nur, dass man die Erlaubnis zum Lehren hat. Viele Lamas haben eine Familie gegründet.

Ein Mönch ist hingegen ein Mensch, der beschlossen hat, seine gesamte Zeit dem Praktizieren der Weisheitslehre zu widmen und auf alle anderen Aktivitäten, wie sich um ein Haus, um die Verwaltung von Gütern etc. zu kümmern, zu verzichten. Ein Mönch hat keinen Besitz, weil er dem Wunsch, dies oder jenes zu wollen, entsagt und beschlossen hat, sich durch nichts ablenken zu lassen.

Wenn er seinen Glauben praktiziert, muss er es auf ganz bescheidene Weise tun, weder um anderen zu zeigen, wie gut er ist, noch um sich den Respekt der Leute zu verdienen. Er sollte nicht versuchen, andere zu beeinflussen, und er darf niemanden stören.

Buddha hat erklärt, dass ein Mönch, wenn er bescheiden und ehrerbietig bleibt und gleichzeitig seine Übungen zum Wohle aller Wesen praktiziert, ohne sich um sich selbst zu kümmern, trotzdem von den anderen beachtet wird. Die Bedürfnisse eines Mönchs sind jedoch minimal: eine Unterkunft und ein bisschen was zu essen. Nachdem die Mönche ihr Gelübde abgelegt haben, ist es ihnen verboten zu betteln. Sie müssen Vertrauen und Gleichmut entwickeln und die Dinge so nehmen, wie sie kommen, ob sie nun etwas bekommen oder auch nicht.

Im Gegensatz zu den christlichen Mönchen war es nicht üblich, dass buddhistische Mönche in ihren Klöstern arbeiten, da es dort immer auch weltliche Personen gab, die mit ihnen lebten und sich um die verschiedenen Aufgaben innerhalb der Gemeinschaft, wie die Verwaltung der Ländereien etc., kümmerten. Geld wurde keines verwendet, und diese Personen wurden in Naturalien bezahlt, die aus den Besitztümern des Klosters stammten, oder mit Kleidung oder Nahrung.

Diese nicht vorhandene Pflicht zu arbeiten, stützte sich nicht auf die Idee, dass die Arbeit für die Mönche zu bescheiden war, sondern auf eine Regel, die sie beim Ablegen ihres Gelübdes anerkannten: Von ihnen wurde verlangt, alles hinter sich zu lassen und sich ausschließlich auf das Praktizieren ihres Glaubens zu konzentrieren. Zu Buddhas Zeiten wussten die Mönche nie, was sie am nächsten Tag essen würden, und diese Unsicherheit machte sie stark und gleichmütig. Die Tatsache, dass die Menschen über ihren Zustand

Bescheid wussten, führte dazu, dass sie sich ein bisschen um sie kümmerten und beim Kontakt mit ihnen mehr Mitgefühl entfalteten. Der Lebensstil der Mönche ermutigte sie also indirekt, von Mitgefühl geprägte Handlungen zu vollbringen, was bei ihnen für das aktuelle und das nächste Leben positives Karma erzeugte. In manchen Ländern, wie in Thailand, ist es immer noch so, und für alle tibetischen Flüchtlinge ist es wieder so. Sie müssen sich um ihr Kloster, um den Haushalt im Kloster kümmern, Essen zubereiten etc. Häufig wurden die Mönche, die ihr ganzes Leben mit dem Praktizieren des Buddhismus zugebracht hatten, sehr gelehrt, aber das heißt nicht, dass sie zu Lamas wurden, denn nur wer unterrichten und lehren kann, kann ein Lama werden.

Im Buddhismus gibt es zehn einfache Regeln, die ganz ähnlich sind wie die zehn Gebote der Christen und für alle Gültigkeit haben. Darüber hinaus gibt es das Gelübde des Mönchs, bei dem er sich beispielsweise zum Zölibat bekennt, oder aber das Guenyen-Gelübde, das für alle Personen gedacht ist, die beschlossen haben, ein weltliches Leben als Laie zu führen.

Bei drei dieser Grundregeln geht es um Handlungen, die wir nicht mit dem Körper tun dürfen: keinen Menschen töten, nicht stehlen, Sex nicht für schlechte Zwecke verwenden (bespielsweise zum Verführen eines Mannes oder einer Frau, die schon an eine andere Person gebunden sind).

Im Allgemeinen war die Polyandrie (Vielmännerei) in Tibet erlaubt, aber es handelte sich dabei mehr um eine symbolische Polyandrie. Sie ging darauf zurück, dass die jungen Männer normalerweise ihre ursprüngliche Familie nicht verließen. Wenn einer von ihnen eine Frau heiraten wollte, kam diese in die Familie ihres Ehemanns. Die Schwiegertochter wurde zum Oberhaupt des Hauses, sobald die Schwiegermutter gestorben war. Sie wurde immer als das Symbol des Familienlebens, als Symbol für Heim und Herd selbst, angesehen. Nur diese erste Schwiegertochter war damit symbolisch gesehen die "Braut" der ganzen Familie ihres Ehemannes. Aber in Wirklichkeit hatte sie keine Beziehungen zu ihren "Gatten". Diese konnten, wenn sie wollten, ein eigenes Liebesleben haben und sich eine Frau ins Haus holen, um mit ihnen zu leben und ihnen Kinder zu schenken. Doch diese Ehen hatten nicht denselben symbolischen Wert wie die Ehe der ersten Schwiegertochter, die in die Familie gekommen war. Diese Regeln sorgten dafür, dass garantiert wurde, dass nur ein Paar den Platz von Vater und Mutter übernahm, um die Familienangelegenheiten weiter voranzubringen. Die anderen Kinder konnten sich offiziell nur verheiraten, wenn sie sich bereit erklärten, ihre ursprüngliche Familie zu verlassen, um einen eigenen Familiennukleus zu gründen. In diesem Falle verloren sie jedoch nichts von ihrer Erbschaft. Die

Demonstration der Tatsache, dass es sich dabei um eine rein symbolische Sache handelt, besteht darin, dass ein junger Mann, der in die Familie seiner Frau einheiratete, dort als ihr einziger Ehemann angesehen wurde. Und auch in diesem Fall verlor er nichts von seinem Erbteil, genausowenig wie es die Mädchen verloren hätten.

Um auf unser Thema zurückzukommen: Des Weiteren gibt es vier Gebote, die sprachliche Handlungen betreffen, die nicht erlaubt sind: lügen, verletzende oder negative Worte sagen, Zwietracht zwischen Personen säen, was auch heißt, keinen Tratsch verbreiten, und kein unüberlegtes, sinnloses Zeug reden.

Bei den letzten drei Dingen, die wir nicht tun sollten, handelt es sich um gedankliche Handlungen, denn wir wissen, dass Gedanken Energie sind. Die letzten drei Regeln sind also: nicht alles haben wollen, nicht daran denken, jemandem Schaden zufügen oder Böses tun zu wollen, und keine falschen Ansichten kultivieren (beispielsweise die falsche Ansicht, nicht an das Gesetz des Karmas zu glauben, nicht an das zu glauben, was wahr ist.)

Aber es gibt auch zehn gute Eigenschaften, die es zu entwickeln gilt und die genau dem Gegenteil der zehn Regeln entsprechen.

Unter den Mönchs- und Laiengelübden sind die wichtigsten wahrscheinlich die Bodhisattva-Gelübde, mit denen man sich bereit erklärt, zum Wohle aller Wesen zu handeln. Es ist ziemlich schwierig, diese Gelübde zu brechen, weil es sich vor allem um eine Ausrichtung handelt, eine Orientierung, die Sie Ihrem Leben geben, und um sie zu brechen, müssten Sie praktisch ganz bewusst denken: "Ich möchte nichts zum Wohle der Lebewesen unternehmen".

Wenn Sie die Bodhisattva-Gelübde ablegen, fangen Sie an, Mitgefühl zu entwickeln. Erwarten Sie jedoch nicht, dass Ihnen das sofort vollkommen gelingt, denn Ihre alten Gewohnheiten sind weiterhin vorhanden. Wenn Sie versuchen, Ihren Fähigkeiten entsprechend auf so mitfühlende Art wie möglich vorzugehen, reicht das schon aus. Niemand erwartet, dass Sie, bloß weil Sie die Gelübde abgelegt haben, sofort zu einem vollkommen verwirklichten Bodhisattva werden!

Diese Gelübde gehören der Mahayana-Tradition an, die auch das "Große Fahrzeug" genannt wird. Dieser Tradition zufolge weigert sich ein Bodhisattva, sich selbst zu verwirklichen, bevor er nicht alle anderen Wesen befreit hat.

Bei dem "Kleinen Fahrzeug", wie die Hinayana-Tradition auch genannt wird, zieht man zunächst seine eigene Befreiung vor, um dann anschließend die anderen Wesen effektiver befreien zu können. Beide Wege sind aus den Lehren Buddhas hervorgegangen. Für eine bestimmte Person kann jeweils die eine oder die andere besser angebracht sein. Diese verschiedenen Ansätze sind heute weniger ausgeprägt, da die Kommunikationsmöglichkeiten so viel einfacher geworden sind.

Heutzutage sind die einzigen Unterschiede, die noch existieren, eher formeller Art, aber aus grundsätzlicher Sicht unterscheiden sich die beiden Methoden nur wenig. Wenn Sie sich beispielsweise für das "Kleine Fahrzeug" entscheiden und für Ihre Entwicklung zu üben beginnen, entwickeln Sie gleichzeitig auch ihr Mitgefühl, und Sie arbeiten daher nicht mehr nur für sich selbst.

Die christlichen Priester und Mönche sind auf dem sozialen Sektor sehr aktiv, denn auch sie sind vom Mitgefühl getrieben. Dasselbe spielt sich in den hinduistischen Ashrams ab. Die buddhistischen Mönche sind nicht nur Menschen, die auf einem Berggipfel meditieren gehen, sondern organisieren in vielen Fällen Waisenhäuser, Krankenhäuser und Unterrichtszentren. Dabei lassen sie sich stets von den Laien helfen, die für die materiellen Arbeiten und das Sammeln der Gelder zuständig sind, da die Mönche nichts besitzen.

So befassen sich heutzutage also viele buddhistische Mönche auch mit sozialen Aktivitäten, während das traditionell aufgrund der Struktur von Tibet nicht möglich gewesen wäre. Wie Sie im Kapitel "M... wie Medizin" nachlesen können, war die medizinische Versorgung für alle gratis. Und da die Bevölkerung zahlenmäßig nicht sehr groß war, gab es Nahrung und Arbeit für alle.

Die echten Bettler waren also diejenigen, die nicht arbeiten wollten. Die anderen Personen, von denen viele der ersten Tibetreisenden berichtet haben, waren keine richtigen Bettler. Es handelte sich dabei vielmehr um Pilger und Nomaden, die die Bevölkerung um Unterkunft und etwas zu essen baten. Die Entfernungen sind ziemlich groß, und die einzigen Transportmittel waren damals Pferde. Es war daher durchaus üblich, nur die nötigste Nahrung für eine Zwei- bis Dreitagestour mitzunehmen. Danach wurde erwartet, dass einem von der lokalen Bevölkerung weitergeholfen wurde. Die Verwendung von Geld war damals noch nicht weit verbreitet. Es war damals von vorneherein klar, dass jemandem, der einem Reisenden geholfen hatte, ebenfalls die Hilfe anderer auf einer seiner Reisen widerfahren würde.

Sogar die Reichen waren nicht in der Lage, alles mitzuführen, was sie für eine lange Reise gebraucht hätten. Es war daher durchaus alltäglich, auch sie um etwas zu essen bitten zu sehen, genau wie die Armen. Die ersten westlichen Menschen, die nach Tibet kamen, dachten, die Tibeter seien ein Volk von Bettlern. Aber in Wirklichkeit schien es eben nur so in ihren westlichen Augen!

Tatsächlich war der Lebensstil der Tibeter relativ einfach, und im Vergleich zu den Menschen im Westen hatten sie nur sehr geringe Bedürfnisse. Es war daher möglich, dass sie ihnen arm vorkamen, ohne es in Wirklichkeit zu sein. Ein luxeriöser Lebensstil war mit Ausnahme von wenigen Personen überhaupt nicht verbreitet.

G... wie Gleichmut

Das Leben von jedem von uns wird mehr oder weniger von unserem in früheren Leben angehäuften Karma und unserer gegenwärtigen Unwissenheit konditioniert. Daran sollten wir uns stets erinnern, wenn wir versucht sind, andere und uns selbst zu verurteilen.

Normalerweise machen wir auch, wenn wir das Prinzip des Handelns zum Wohle aller fühlenden Wesen akzeptiert haben, immer noch einen Unterschied zwischen einem Freund und einem Feind, so dass wir lieber dem Ersteren etwas Gutes tun wollen als dem Letzteren. Das bedeutet jedoch, dass unser Gleichmut noch tief schlummert.

Wenn wir uns bewusst werden, dass es keinen wirklichen Unterschied zwischen unserem Feind und unserem Freund gibt, oder zwischen unserem Feind und uns selbst, dann hören wir auf, unseren Feind zu verachten, und es wird langsam natürlich, etwas für sein Wohl zu tun - wie wir es auch zum Wohle eines Freundes machen würden.

Das heißt nicht, dass ich mit den Handlungen jeder x-beliebigen Person einverstanden bin, da es immer

Handlungen geben wird, denen ich nicht zustimmen kann. Es heißt jedoch, dass ich meine Aversion durch Mitgefühl und Liebe ersetzen kann. Das heißt wiederum nicht, dass ich jemanden, der mich verfolgt, umarmen und küssen würde, weil er mich dann wahrscheinlich töten würde, sondern dass ich für ihn beten werde, damit er sich möglichst schnell von seinen Verblendungen befreien kann, die ihn daran hindern, seine perfekte Natur zu erkennen, die Weisheit und Mitgefühl ist. Gebete sind nicht einfach Worte. Gedanken stellen eine Energie dar und können unserem Mitmenschen in hohem Maße helfen, sich zu verändern*.

Das ist ein Beispiel dafür, wie Gleichmut funktionieren kann.

Christus hat ganz klar erklärt, was die Macht der Vergebung ausmacht, nämlich dass die Vergebung nicht vollständig ist, wenn wir nicht in der Lage sind, einen Feind wie einen Freund zu behandeln. Seine Aussage, wir könnten nicht ins Himmelreich kommen, wenn wir unserem Feind nicht vergeben haben, könnte man in buddhistischen Begriffen folgendermaßen ausdrücken: Ohne Gleichmut und ohne Vergebung sorgen wir weiterhin für die Entstehung von Karma und können daher der Befreiung nicht näher kommen.

---

* Siehe auch unter "K... wie Kreativität".

Gleichmut ist untrennbar mit Vergebung verbunden, sobald wir beginnen, die anderen Menschen als genauso konditionierte Wesen wie uns selbst zu begreifen. Manche sind mehr konditioniert und manche weniger, aber letztendlich haben alle mit Unwissenheit, Gefühlen und Verhaftung zu kämpfen. Je konditionierter und unwissender sie sind, desto gewaltsamer sind sie. Und je mehr Sie mit der Energie der Gewalt darauf reagieren, desto mehr entwickeln Sie die Unwissenheit der Getrenntheit und umso länger verbleiben Sie in der Dualität. Der andere empfängt zudem die Energie Ihrer gewaltsamen Gedanken und wird dadurch noch gewaltsamer. Und dafür sind Sie dieses Mal verantwortlich.

Sobald der Gleichmut sich einzustellen beginnt, wird der Geist stabil, die Emotionen ebben langsam ab und wir hören auf, mehr Karma zu schaffen. Sobald die Vergebung stattfindet, fangen wir an, unser früheres Karma sowie eventuell noch vorhandene schwerwiegende karmische Bindungen zu läutern. Auf diese Weise fangen wir an, uns sofort besser zu fühlen, weil wir uns weniger von unseren Gefühlen leiten lassen.

Und da wir durch das Karma weniger konditioniert sind, wird auch unser nächstes Leben um einiges besser verlaufen.

Es kommt vor, dass wir, sobald wir anfangen, Gleichmut und Mitgefühl zu üben, immer noch sehr viele Hoffnungen und Erwartungen haben, wie beispielsweise, dass sich unsere aggressiven Nachbarn sofort in Personen verwandeln, die nett zu uns sind. Das kann natürlich passieren, aber aus zwei wichtigen Gründen ist es besser, diese Erwartungen nicht zu hegen:

1. Es kann sein, dass der Nachbar durch seine eigenen Konditionierungen verblendeter ist, als man annehmen könnte.

2. Erinnern Sie sich daran, dass Mitgefühl bedeutet, bedingungslose Liebe zu entwickeln, ohne irgendeine Belohnung dafür zu erwarten, sonst würde das bedeuten, dass man die Liebe schon wieder mit einer einschränkenden Kondition verbindet (Ich liebe dich, wenn...).

Ihre Motivation muss sein, Ihrem Feind wirkliches Glück zu wünschen, nicht Ihr eigenes Glück. Das wird Ihnen dann im Anschluss ohnehin wie von selbst in den Schoß fallen. Sie sind einfach glücklich, weil Sie nach Ihrer wahren Natur handeln, die aus Mitgefühl besteht.

Wenn es die Situation erlaubt, mehr zu tun als zu beten, so machen Sie das. Sie können beispielsweise bestimmte Pläne, die Sie hatten, fallen lassen, wie etwa das Pflanzen eines Baums in Ihrem Garten, weil das mit

Sicherheit zu weiteren Diskussionen mit Ihrem cholerischen Nachbarn führen würde. Auf diese Weise entwickeln Sie Ihre wahre Funktion, Ihre Daseinsberechtigung, die nicht darin besteht, Bäume zu pflanzen, sondern sich selbst und andere vom Leiden zu befreien.

Natürlich gibt es Pläne, auf die wir nicht verzichten können, aber eben auch andere, auf die wir verzichten können, wenn sie ein anderes Leiden verhindern. Die Unterscheidung ist nicht immer einfach, aber Übung und Meditation sind hilfreich, um Ihren Geist klarer werden zu lassen und zu entscheiden, was zu tun ist.

Die richtige Motivation und eine vollkommen ehrliche Einstellung ermöglichen es Ihnen, die beste Verhaltensweise zu wählen.

Um auf unser Beispiel zurückzukommen: Wenn Sie es wirklich wollen, wird Ihr Nachbar ganz langsam begreifen. Er wird anfangen, sich zu fragen, warum wir nie so reagieren, wie er es sich erwartet, und das wird ihn zu der Erkenntnis bringen, dass es auch noch ein anderes System, eine andere Verhaltensweise geben muss, die er zwar nicht kennt, aber die die Menschen ruhiger, weniger cholerisch und glücklicher macht. Und da das Glück das letztendliche Ziel aller ist, wird er das als eine Anregung auffassen, dieses andere System einmal auszuprobieren. Und dadurch wird sich sein Leben deutlich verbessern.

Wissen Sie, wie das bei Dilgo Khyentse Rinpoche, einem großen Bodhisattva unserer Zeit, war? Er war die reine und einfache Inkarnation des Gleichmuts und des Mitgefühls, und Tag und Nacht konnte, wer immer es wollte, ihn aufsuchen und um seine Unterweisungen bitten. Dilgo Khyentse musste sich dafür nicht vorbereiten, ebenso wie er nicht schlafen musste. Auch am Ende seines Lebens, als er sehr alt und sehr krank geworden war, stand er den fühlenden Wesen vollkommen zur Verfügung, war offen für all ihre Bedürfnisse und gab jedem von ihnen weiterhin alles, ohne jemals nachzulassen oder zu zögern. All das war bei ihm völlig natürlich, kam ohne Anstrengung, weil er seine wahre Natur vollkommen erkannt hatte. Alle waren für ihn gleich. Er hatte offensichtlich kein Bedürfniss, andere zu verurteilen, sondern akzeptierte und liebte sie, egal unter welchen Umständen.

Es ist sehr einfach, alles, was passiert, zu akzeptieren, wenn es darin besteht, völig entspannt ausgestreckt am Strand liegen zu bleiben und sich in jenem Moment vollkommen offen und bereit zu fühlen, seine mitfühlende Aufmerksamkeit einem Freund zu widmen, der das Bedürfnis hat, mit jemandem zu reden. Aber sähe es nicht ganz anders aus, wenn es vier Uhr morgens, also mitten in der Nacht, zwischen zwei harten Arbeitstagen wäre?

Fast immer ist unsere beste Ausrede, um zu vermeiden, eine mitfühlende Geste zu spenden, wir seien müde. In Wirklichkeit ist sogar diese Vorstellung nur eine weitere von unserem Geist erschaffene Illusion. Unser Geist ist durch unsere Persönlichkeit konditioniert, durch unser dualistisches Ego, das dafür sorgt, dass wir andere als verschieden von uns und damit als potenzielle Störfaktoren wahrnehmen. In dieser Haltung steckt eine subtile Form von Stolz, aber durch Übung und Meditation können wir sie langsam analysieren, sie klar erkennen und anschließend in Mitgefühl verwandeln.

Wie Sie wahrscheinlich inzwischen verstanden haben, hat Gleichmut nichts mit Gleichgültigkeit oder Sorglosigkeit zu tun oder gar mit der Unfähigkeit, sich zwischen zwei Alternativen zu entscheiden. Gleichmütig sein bedeutet, egal, für was wir uns entschieden haben, Verständnis für die menschlichen Reaktionen und die Ursachen von Lebenssituationen zu zeigen – und das auf so mitfühlende und umfassende Art, dass wir sie spontan alle lieben.

G... wie Gott

Oft wird gesagt, der Buddhismus sei eine Philisophie und keine Religion. Diese Definition ist korrekt, wenn man eine Religion als ein System von Lehren ansieht, die sich auf ein Konzept von Göttlichkeit (Schöpfergott) stützen, das sich außerhalb des Menschen und der Schöpfung selbst befindet.

Alles hängt also von der Vorstellung ab, die man von Gott hat. Die Mystiker, die Gott als die Grundnatur des Menschen ansehen oder als einen Gott in uns, oder diejenigen, die Gott in allen Kreaturen der Schöpfung sehen, kommen unserer Position sehr nahe, denn für die Buddhisten:

- ist die Buddhanatur die wahre Natur aller fühlenden Wesen. Wir merken das nicht gleich, aufgrund unserer Unwissenheit und unserer Emotionen, die wie Wolken sind, die die Sonne verschleiern. Aber das heißt noch lange nicht, dass die Sonne aufhört zu scheinen.

- ist alles, was wir als wirklich wahrnehmen (Dinge, Emotionen, unseren eigenen Körper, die ganze Welt), ein Produkt, das unser eigener Geist - aufgrund seiner Buddhanatur - erschaffen hat. Das bedeutet, dass all diese Dinge kein Eigenleben und keine unabhängige Existenz haben, deutet gleichzeitig aber auch auf die Bedeutung dieser Verschleierungen und dunklen Wolken, die unseren Geist verdecken, sowie auf unsere Unwissenheit darüber hin, wo wir uns in Bezug auf unsere eigene Natur tatsächlich befinden. Da unser Bewusstsein beschränkt ist, ist alles, was wir erschaffen, beschränkt und unvollkommen, denn unsere Schöpfungen sind gekennzeichnet durch Anhaftung und Unwissenheit.

Aber glücklicherweise sind diejenigen, die all das erkannt haben und eins werden könnten mit der wahren Natur aller fühlenden Wesen, auch eins geworden mit den wichtigsten Qualitäten dieser wahren Natur aller Lebewesen, d.h. mit dem Licht (der Weisheit) und dem Mitgefühl (bedingungslose Liebe). Deshalb kümmern sie sich um uns und unterweisen uns darin, diese Illusion voller Leiden, die wir von uns selbst erschaffen, zu zerstören. Ausführlichere Informationen zu diesem Thema finden Sie auch unter "B... wie Bodhisattva".

G... wie Gottheit

Wenn Sie bereits das Kapitel "G... wie Gott" und "K... wie Kreativität" gelesen haben, oder wenn Sie einen tibetischen Lama gehört haben, der erklärte, dass der Buddhismus keine Religion, sondern eine Philosophie sei, haben Sie sich vielleicht sofort gefragt, warum die Tibeter dann so viele Gottheiten haben.

In Wirklichkeit ist das kein Widerspruch, den diese Gottheiten sind nichts anderes als Symbole unserer inneren Qualitäten, sowohl der guten als auch der weniger guten, so dass die tibetische Psychologie insgesamt über ihre Praktiken, Riten und Meditationen die Menschen dazu bringt, diese Eigenschaften zu erkennen und in Harmonie mit ihnen zu leben.

Es heißt, dass wir beim Durchqueren des Bardo, dem halluzinatorischen Zustand zwischen dem Tod und der nächsten Wiedergeburt, uns jeder dieser Eigenschaften stellen müssen. Natürlich sehen die von einem Tibeter erschaffenen Halluzinationen anders aus als die eines Menschen der westlichen Kultur, weil der Tibeter an eine Reihe von Symbolen gewöhnt ist. Aber was der westliche Mensch sieht, hat denselben Sinn, auch wenn es in einer anderen Form oder Gestalt dargestellt wird. Tatsache ist, dass der Tibeter sich sein ganzes Leben darin übt, um selbst im Bardo diese Symbole noch als Schöpfungen seines eigenen Geistes erkennen zu können.

Alle Daten, über die wir hinsichtlich des Zwischenzustands des Bardo verfügen, sind mit Hilfe all jener zusammengetragen worden, die diesen Zustand ohne Verlust der Erinnerung im Moment der Wiedergeburt* durchgemacht haben, aber auch anhand von all jenen, die in der Lage sind, ihr Bewusstsein zu erweitern und ihren physischen Körper zu verlassen**, und auf diese Weise die feinstofflichen Zustände kennen gelernt haben. Alle Lehren und Unterweisungen unserer Tradition sind aus der direkten Erfahrung eines Wesens erwachsen. Und je höher natürlich die Erkenntnisstufe dieses Wesen ist und je außergewöhnlicher seine Erfahrungen sind, umso außergewöhnlicher sind auch seine Belehrungen.

In den Texten über den Bardo-Zustand finden wir häufig allgemeine Informationen, während die persönliche Erfahrung je nach der Erkenntnisstufe und den kulturellen Gewohnheiten jedes einzelnen immer etwas anders ist.

Die Tibeter waren kulturell darauf vorbereitet, Initiationen zu erfahren oder Unterweisungen mit Hilfe

---

* Siehe auch "T... wie Tulkus".
** Siehe auch "F... wie Fähigkeiten".

dieser Symbole zu bekommen, die wir Gottheiten oder Götter nennen. Diese Art von Unterweisungen waren weit verbreitet. Auch hier im Westen haben die Lamas begonnen, diese Symbole einem breiten Publikum nahe zu bringen. Aber man stellte im Nachhinein fest, dass sie große Verwirrung auslösten. Denn die westlichen Menschen sind kulturell nicht darauf vorbereitet, die Symbole in der Form zu erfassen, die wir verwenden. Das geht so weit, dass manche schließlich meinen, der Vielgötterei anzuhängen.

Dasselbe passierte, als die westlichen Menschen anfingen, sich eingehend mit dem Hinduismus zu beschäftigen: Sie haben geglaubt, es handle sich um eine polytheistische Religion. Doch in Wirklichkeit ist sich jeder Hindu vollkommen bewusst, dass all diese sog. Götter nichts anderes sind als verschiedene Mani-festationen des Schöpfergottes Brahma. All das ist nichts wirklich anderes als die christliche Dreifaltigkeit, denn diese drei Aspekte bilden eine Einheit. Bei unseren Übungen haben wir die Angewohnheit, ein Mandala* zu visualisieren, als ob es sich dabei um den Palast einer oder mehrerer Gottheiten handelte. Das ist nichts ande-res als eine andere Form der Kenntnis unserer selbst, denn das Mandala ist ein Symbol von uns oder eines Teils von uns selbst, und wir begeben uns dort hinein.

---

* Siehe auch "M... wie Mandala".

Viele Götter unseres Pantheons sind nichts anderes als Symbole oder Qualitäten von jedem von uns, und deshalb haben einige von ihnen auch ein zorniges Aussehen. Wenn wir lernen, ihnen im Leben ohne Angst zu begegnen, werden wir im Zwischenzustand des Bardo auch keine Angst vor ihnen haben. Auf diese Weise verliert unser Geist nicht vor lauter Angst seine Klarheit.

Manche dieser Götter sind große Wesen, die der Geschichte zufolge tatsächlich in menschlicher Gestalt auf die Welt kamen und bestimmte Qualitäten besonders gut verkörpern. Diese Gottheiten sind in Wirklichkeit Emanationen bestimmter großer Bodhisattvas*.

Zu dieser zweiten Gruppe gehört auch Padmasambhava, der indische Meister, der den Buddhismus im 7. Jahrhundert in Tibet einführte und der seit jener Zeit zu einem Symbol des Mitgefühls geworden ist.

Der rituelle Teil des Buddhismus, der in direktem Zusammenhang mit dem Tantra** steht, ist der Teil, der einer Religion am meisten ähnelt, denn dem Schüler wird von Anfang an beigebracht, seine Qualitäten in Form von äußeren Göttern zu visualisieren, als ob sie eine eigenständige, unabhängige Existenz

---

* Siehe auch "B... wie Bodhisattva".

** Lehren Buddhas über die Art und Weise, wie wir im Hinblick auf die Verwirklichung der Buddhaschaft Energie am besten verwenden.

hätten. Der tantrische Aspekt des Buddhismus dient auch dazu, unsere Qualitäten, wie Glaube, Vertrauen etc., auf die Probe zu stellen. Das gibt den tantrischen Praktiken einen fast religiösen Aspekt.

Alle vier tibetischen Schulen des Buddhismus haben auf die eine oder andere Weise diesen tantrischen Aspekt ausgebildet, und zwar ausgehend von der Vorstellung, dass wir unsere Eigenschaften oder die Situationen, in denen wir uns befinden, nicht bekämpfen, sondern vielmehr in etwas Positives und Nützliches für alle fühlenden Wesen umwandeln sollen.

Tatsächlich geschieht bei den Praktiken, Meditationen und Ritualen, die sich um den schrecklichen Gott Mahakala oder andere ähnliche Götter drehen, nichts Gefährliches oder wirklich Erschreckendes – außer dem Betrachten der bildlichen Darstellungen von Mahakala. Damit Sie sich vorstellen können, wie diese Übungen funktionieren, müssen wir sie uns als etwas Ähnliches wie ein Psychodrama vorstellen, d.h. eine Therapie, bei der wir eine ganz bestimmte Rolle spielen müssen, um bestimmte psychische Blockaden umzuwandeln, von denen wir im Anschluss geheilt sind.

Wer jedoch nicht versteht, wie die tantrischen Praktiken funktionieren, ist darauf beschränkt, eine schreckliche Gestalt zu sehen. Das erfüllt ihn mit Angst, weil er sich vorstellt, dass sich in einer solchen Zeremonie die furchtbarsten Dinge zutragen können. Falls Sie einmal

in einen Tempel kommen und die Möglichkeit haben,
den Ort zu sehen, der Mahakala vorbehalten ist, können Sie natürlich einen kleinen Schreck bekommen.
Aber es ist nichts anderes, als wenn Sie in ein
Filmstudio in Hollywood kommen würden und sich
plötzlich, ohne es zu wissen, mitten in einem Set für
ein Psychodrama wiederfinden würden, in dem ein
Schauspieler eine angsteinflößende Rolle zu spielen
hätte.

Auch der große Yogi Milarepa hat einen besonderen Platz unter den Gottheiten inne, die historischen
Ursprungs sind. Denn er hat tatsächlich gelebt und
war in der Lage, sich in einem einzigen Leben von
einem extrem egoistischen und grausamen Menschen
in einen Bodhisattva zu verwandeln. Tara ist eine
andere Göttin, die bei den westliche Buddhisten ziemlich bekannt ist, aber es gibt zwei Versionen hinsichtlich ihres Ursprungs: Den einen zufolge handelt es
sich um eine Person, die wirklich existiert hat, die von
einer menschlichen Mutter geboren wurde und mit
einer so außerordentlichen Großzügigkeit ausgestattet
war, dass es ihr gelang, zu einem Bodhisattva zu werden. Nach der anderen Version ist sie einfach eine
Emanation der Großzügigkeit der perfekten Buddhanatur, die sich selbst einen menschlichen Körper
erschaffen hat, um sich in dieser Welt zu inkarnieren
und den fühlenden Wesen helfen zu können.

Es ist offensichtlich, das der Geist, der völlig frei von jeglicher Konditionierung ist, jegliche Art von Gestalt erschaffen kann, um sich zu manifestieren. Dieser perfekte Geist kann sich jedoch trotzdem dafür entscheiden, eine menschliche Mutter zu haben, damit er von den Menschen leichter akzeptiert wird, denen dieses große Wesen helfen möchte. Aber es ist auch klar, dass dieses große Wesen in Wirklichkeit gar nicht wie die anderen Menschen geboren werden muss. Dazu müssen wir uns nur die Geschichte Jesu anschauen: Er wurde direkt im Körper seiner Mutter, einer Menschenfrau, empfangen, ohne das Hinzutun eines menschlichen Vaters. Aber als er sich nach seinem Tod in einem Körper manifestieren wollte, konnte er das ganz leicht, ohne irgendwelche Hilfe von anderen tun, um dem ungläubigen Thomas Gelegenheit zu geben, ihn zu berühren.

Prinz Siddharta hatte auch eine menschliche Mutter, aber seine Empfängnis und Geburt verliefen auf höchst außergewöhnliche Weise. Als er sich dann seiner wahren Natur bewusst und zum Buddha Sakyamuni geworden war, konnte er sich in Tausenden von verschiedenen Welten manifestieren und in jedem Reich die Form annehmen, die ihm am angebrachtesten erschien.

In Indien und Tibet gibt es viele "selbsterschaffene" Meister. Hier sei Hairakan Baba angeführt, auch bekannt unter dem Namen Babaji, oder aber Padma-sambhava selbst, von dem als einem "nicht von einer menschlichen Mutter Geborenen" gesprochen wird, der keinen Geburtsort oder Geburtstag hat. Er begab sich von Indien nach Tibet, lehrte dort das Dharma und kehrte dann nach Indien zurück. Aber es war, als ob er in Wirklichkeit nie von Indien gekommen und nie dorthin zurückgekehrt sei. Tatsächlich beschränken sich alle historischen Zeugnisse, die wir von ihm haben, auf seinen Aufenthalt in Tibet. In Indien gibt es keinen Hinweis auf seine Existenz.

Es funktioniert fast immer so, dass ein Wesen dieser Art einen Körper für die ihm nötige Zeit annimmt und dass der Körper verschwindet, sobald diese Manifestation nicht mehr erforderlich ist.

Genau wie Jesus bei den Christen wird Padma-sambhava bei den Buddhisten als allgegenwärtig angesehen, aber auf unkörperliche Weise, so dass wir ihn häufig um Hilfe und Unterstützung auf unserem Evolutionsweg bitten können.

I... wie Integration und Übung

Wenn wir uns wirklich vom Leiden befreien wollen, müssen wir viele Dinge lernen, und es reicht dazu nicht aus, in den Büchern nachzulesen. Wir können glauben, etwas begriffen zu haben, aber wenn wir mit einer echten Lebenssituation konfrontiert werden, hilft uns unser intellektuelles Verständnis nicht viel. Es gibt da eine Art äußerst subtilen Stolz, der uns glauben macht, dass die Theorie ausreichend sei, aber in Wirklichkeit können wir uns nur auf unsere wirklich tiefgehenden Erkenntnisse verlassen.

Deshalb gibt es im tibetischen Buddhismus etwas, das wir Übung nennen, aber in Wirklichkeit ein richtiges Training ist. Daneben gibt es dann noch die sog. Integration oder Verinnerlichung, die stattfindet, wenn wir das, was wir in unseren Lebenssituationen gelernt und erkannt haben, anwenden.

Beide sind untrennbar miteinander verbunden, und wenn es uns schließlich gelingt, in unser Leben das zu integrieren, was wir erkannt haben, wird uns sofort klar, dass es da noch andere Dinge zu verbessern, noch etwas anderes zu lernen, zu verstehen und zu integrieren gibt.

Das Training ist das, was die Schüler des tibetischen Buddhismus am wenigsten mögen, aber in Wirklichkeit ist es ein ganz besonderer Moment, in dem wir mit unserer wahren Buddhanatur Kontakt aufnehmen (indem wir sie erkennen) und die tägliche Hektik durchbrechen können, um zu meditieren.

Durch das Üben schaffen wir die besten Bedingungen, damit diese Verbindung hergestellt wird. Das führt dazu, dass wir im Moment der Integration, auch wenn die Bedingungen nicht die besten sind, genügend trainiert sind, um trotz allem in Kontakt mit unserer wahren, tiefen Natur zu bleiben.

Stellen wir uns einmal vor, wir befänden uns in einem Flugzeug, das eine Panne hat. Der Flieger beginnt abzustürzen. Wenn wir gut trainiert sind, werden wir automatisch das machen, was das Beste ist. Wir werden keine Angst haben. Wir werden friedlich zu meditieren beginnen, mit der Gewissheit, dass es den Tod nicht gibt. Stellen Sie sich nun vor, alle Passagiere würden dasselbe machen: keine Angst, kein Leiden. Stellen Sie sich nun vor, sie würden spontan zu meditieren beginnen, anstatt zu schreien anzufangen. Da der Geist wirklich sehr mächtig ist, könnte es sogar passieren, dass es ihnen gelingt, diese aktuelle Flugzeugillusion in etwas Besseres zu verwandeln, so dass die Wahrscheinlichkeit groß ist, dass dieses Flugzeug letztendlich perfekt landen kann!

Übung entwickeln ist letztendlich nichts anderes, als uns in unsere persönliche Werkstatt zu begeben: Dort können wir alle unsere Gefühle und Emotionen und deren grundlegende Ursachen beobachten. Es gibt Ursachen, die so weit in die Tiefe reichen, dass wir keine Ahnung davon haben, außer wenn wir unsere Reaktionen sehen. Wir wissen beispielsweise, dass ganz bestimmte Reaktionen bei uns auf Wut zurückgehen, aber wir haben keine Ahnung, was wiederum die Ursache dieser Wut ist.

Wenn uns jemand wütend macht, denken wir normalerweise, dass er die Ursache für unsere Wut sei, aber in Wirklichkeit ist dem eben nicht so.

Fakt ist, dass wir die Vorgehensweise des anderen, seine Sichtweise und seine Situation nicht akzeptieren und denken, wir wüssten Dinge, die der andere nicht weiß. Und sobald der andere nur eine Bewegung macht, werden wir sofort wütend.

Aber wenn Sie üben, indem Sie damit beginnen, sich selbst zu analysieren und sich zu fragen, wie es kommt, dass Sie so wüted sind, werden Sie, auch wenn Sie zuerst denken, dass es deswegen ist, weil jemand etwas getan hat, was nicht richtig war, beim näheren Hinsehen entdecken, dass Ihre Wut aus Ihnen selbst heraus kommt, wie alle anderen Gefühle auch. Es ist Ihre Sichtweise eines Ereignisses, die es zu etwas Positivem oder Negativem für

Sie macht – und die im Anschluss daran Ihre Reaktion darauf bestimmt. Sie können also beobachten, dass Ihre Wut auf die Tatsache zurückgeht, dass Sie stolz oder eifersüchtig sind oder dass irgendwelche Erwartungen ihrerseits nicht erfüllt wurden oder dass Sie eine Art Anhaftung an Ihre eigene Person entwickelt haben.

Meditation und Übung werden Ihnen helfen, eine klarere Sicht der Dinge und ein klareres Verständnis der Funktionsweise Ihrer Gefühle zu entwickeln, während die Integration Ihr Prüfstand ist.

Deshalb reicht das Praktizieren der Übung ohne die Integration nicht aus. Und deshalb kann die Integration ohne die Übung nicht erfolgen. Wenn Sie in der Lage sind, in Ihrem Leben sowohl das eine wie das andere umzusetzen, werden Sie sich ständig verbessern, und Ihre Entwicklung wird sehr schnell vonstatten gehen. Mit diesem System konnte jemand, der wirklich sehr negativ war, wie Milarepa, ein großer Meister und ein Bodhisattva in einem einzigen Leben werden.

Praktizieren heißt, dass Sie eine Methode akzeptiert haben und diese Methode wirksam ist. Sie werden ausgeglichener, gleichmütiger und Ihre Gefühle sind ruhiger. Dieses Gleichgewicht ist nicht nur positiv für Sie, sondern auch für alle anderen fühlenden Wesen, da sich Ihre Gefühle im Umgang mit ihnen verändern werden[*].

Sobald Ihre emotionale Persönlichkeit sich zu beruhigen beginnt, findet Ihre wahre, reine, mitfühlende Natur immer Möglichkeiten, um sich zu manifestieren.

---

* Siehe auch "G... wie Gleichmut".

K... wie Karma

Was wir Karma nennen, ist nichts anderes als das Ursache-Wirkungs-Prinzip. Wir vollbringen eine bestimmte Aktion oder wir schicken einen bestimmten Gedanken in die Welt hinaus (ein Gedanke ist eine Energie, wie im Kapitel "K... wie Kreativität" näher ausgeführt wird), und früher oder später wird diese in Bewegung gesetzte Energie ihre Früchte tragen, die dieselbe Qualität haben werden und wieder auf uns zurückkommen. Das heißt nicht unbedingt, dass sich der Kreis in einem einzigen Leben schließen wird, in dem die Handlung erfolgt oder der Gedanke hervorgebracht wurde. Ganz im Gegenteil bedeutet es, dass wir uns heute mit den Früchten (der Wirkung) dessen auseinandersetzen müssen, was wir in unseren früheren Leben oder zu einem früheren Zeitpunkt in diesem Leben vollbracht (verursacht) haben.

Den Buddhisten zufolge ist es keine äußere Gottheit, die uns bestraft oder belohnt*. Wir sind es selbst. Wir sind die eigenen Schöpfer unserer Realität,

---

* Siehe auch "G... wie Gott".

und je mitfühlender und bewusster unser Potenzial ist, desto bessere Bedingungen schaffen wir für alle fühlenden Wesen – und letztendlich gibt es überhaupt keine Bedingungen mehr.

Das ist es, was wir dann die "Befreiung" oder "Freiheit" oder auch "Erkenntnis" nennen. Wenn wir erkennen, wie es auch Buddha tat, dass alles, was wir für die Wirklichkeit halten, illusorisch ist. Wir sind dann also keine "Gefangenen" der Wirklichkeit selbst mehr und können daher ihre Gesetze, einschließlich des Gesetzes des Karmas, transzendieren. Die Geschichte des Buddhismus ist sehr ermutigend. Denn unter unseren großen Meistern gab es beispielsweise Milarepa, der sein Leben unter einer wirklich sehr großen Last des Karmas begann und in seiner Jugend noch sein Bestes dazu tat, sich ein noch schlimmeres Karma zu schaffen. Doch dann gelang es ihm mit der Hilfe eines anderen großen Meisters, einen Ausweg zu finden, die wahre Natur seines Geistes zu erkennen und selbst zu einem Bodhisattva zu werden.

Es gibt extrem viele Erkenntnismethoden und Erkenntniswege. Sie werden von allen Religionen und vielen Philosophien aufgezeigt. Sie sind in diesem Sinne gleichwertig, auch wenn sie sich in unterschiedlicher Form präsentieren.

Eine dieser universellen Methoden besteht darin, sich die Situation, in der wir leben, genau anzuschauen. Wir sind im Allgemeinen daran gewöhnt, nur den offensichtlichsten Teil davon zu sehen. So sehen wir also in einer Leidenssituation vor allem das Leiden. Aber wenn wir lernen, es zu analysieren, werden wir merken, dass es daran nichts völlig Negatives gibt.

Karma bildet sich individuell und kollektiv. Wir können als Beispiel die Tibeter nehmen. Als Padmasambhava (der den Buddhismus nach Tibet brachte) sein Land im 7. Jahrhundert verließ, teilte er seinen Anhängern und dem König mit, wie die Zukunft aussehen und wie sich das zuvor angesammelte kollektive Karma auswirken werde. Indessen hat die chinesische Invasion zu einer noch größeren Verbreitung der Lehren Buddhas geführt, die über die Grenzen Tibets hinausgetragen wurden und so auch den westlichen Menschen helfen können. Nichts ist also völlig negativ.

Jedes Ding und jedes Wesen besitzt die Buddhanatur, die allerdings häufig von vielen dunklen Schleiern verdeckt ist. Aber wie könnten die Dinge gerade wegen dieser Buddhanatur völlig negativ sein? Das ist wie mit einem schmutzigen Kleid. In Wirklichkeit scheint es schmutzig zu sein, aber nachdem Sie es gewaschen haben, ist es das nicht mehr. Das Kleid ist ein Kleid, und die Flecken waren nur eine Verschleierung der wahren Natur dieses Kleidungsstücks.

Eigentlich müssten wir anfangen, alle negativen Situationen als ebenso viele Gelegenheiten anzusehen, um etwas dazu zu lernen oder um uns zu entwickeln.

Und was kann man schon aus solchen Situationen lernen? Beispielsweise Geduld, Toleranz und Mitgefühl. Erinnern Sie sich, dass selbst Ihr Verfolger wie dieses Kleid ist: Er hat viele dunklen Seiten, die ihn aggressiv machen, weil er seine eigene Natur (die dieselbe ist wie die seines Opfers, weil alles eins ist!) nicht kennt. Wenn Sie das erst einmal verstanden haben, werden Sie anfangen, in Ihren Beziehungen zu ihm ein Mitgefühl zu erzeugen, und weil wir wissen, dass jeder Gedanke eine Form von Energie ist, wird ihn diese mitfühlende Energie erreichen. Daraufhin wird er anfangen, ein bisschen mehr Licht zu sehen, was ihm die Gelegenheit gibt, sich zu verändern.

Auf diese Art und Weise kann man anfangen, sich von seinem eigenen Karma zu befreien und gleichzeitig anderen fühlenden Wesen zu helfen, sich von ihrem zu befreien. Denn alles hängt zusammen. Und was es dazu hauptsächlich braucht, haben Sie an diesem Beispiel sehen können: Wille, Mitgefühl und Wissen.

Wenn wir unser Karma erst einmal überwunden haben, können wir uns neu inkarnieren, aber dieses Mal, ohne von unserem früheren Karma konditioniert zu sein. Wir können uns dann also spontan als Manifestation des Mitgefühls inkarnieren, zum Wohle aller fühlenden Wesen, die noch in ihrer illusorischen Wirklichkeit gefangen sind*.

---

* Siehe auch "B... wie Bodhisattva".

K... wie Karmapa

Der 16. Karmapa war der Bruder meines Vaters, und da mein Vater starb, als ich noch sehr klein war, fiel es ihm zu, mich aufzuziehen. Ich bin also in einem Kloster in Gesellschaft von vielen anderen kleinen Tulkus aufgewachsen*.

Er war ein echter Bodhisattva, denn er lehrte uns vor allem Gleichmut und Mitgefühl.

Seine Methode bestand in erster Linie darin, uns Unterweisungen zu geben, aber da es schwierig war, deren Bedeutung sofort in ihrer ganzen Tragweite zu erfassen, auch wenn wir dachten, sie völlig verstanden zu haben, ließ er uns persönlich ihren Sinn ausprobieren. Auf diese Weise wurde jedem einzelnen von uns der Sinn ganz langsam von innen klar, je nach unserem individuellen Entwicklungsniveau. Je mehr wir von Wut, Anhaftung, Stolz, Eifersucht etc. verblendet waren, umso länger dauerte es, bis wir den wahren Sinn verstanden.

In Wirklichkeit handelten wir praktisch nie so, wie es die Lehren vorschrieben. Aber er erwartete nicht

---

* Siehe auch "T... wie Tulkus".

von uns, dass wir die Unterweisungen sofort verstanden, wenn er sie uns gab. Er wusste, dass wir sie nicht verstanden hatten und dass wir manchmal erst ganz bestimmte Erfahrungen machen mussten, die sie plötzlich ins richtige Licht rückten, obwohl er sie uns schon vor langer Zeit erklärt hatte. Bisweilen sagte er uns sogar, um welche Erfahrung es sich handeln würde, die seine Lehren klarer machen würde. Doch sehr häufig reichte sogar das nicht aus, und wir mussten die Erfahrung trotzdem in ihrer ganzen Tiefe durchleben.

Er hatte die Gabe, Samen der Weisheit in uns zu hinterlassen, von denen er wusste, dass sie später, unter anderen Umständen, aufgehen würden.

Sobald ich einmal wirklich den Sinn seiner Belehrungen verstanden hatte, handelte ich nach ihnen, ohne die geringste Schwierigkeit dabei zu empfinden, denn ich befand mich in vollkommener Übereinstimmung mit den Lehren. Der persönliche Stolz und die Unwissenheit, die uns Dinge machen lassen, von denen wir genau wissen, dass wir sie nicht tun sollten, waren dann verschwunden, da der tiefe Sinn verstanden worden war.

Beispielsweise wussten wir, dass wir eigentlich zum Wohle aller fühlenden Wesen handeln müssten – und natürlich wollten wir das auch. Aber wir machten immer noch einen Unterschied zwischen einem Freund

und einem Feind, d.h. wir halfen lieber einem Freund als einem Feind. Aber nachdem wir den tiefen Sinn dieser Lehre erkannt hatten, d.h. dass es keinen wirklichen Unterschied zwischen den beiden (Freund oder Feind) gibt, wurde es leicht und ganz natürlich, zum Wohle des einen wie des anderen zu handeln. Und unsere Handlungsweise begann, reiner zu werden.

Das eigene Beispiel, das er uns vorlebte, war auch sehr effizient. Er genoss eine sehr hohe gesellschaftliche Stellung, da er nicht nur eine wichtige Führungsperson war, sondern auch ein sehr großer Meister. Es gab Menschen, die ihn liebten und achteten, und andere, die ihn überhaupt nicht achteten. Aber er liebte sie alle gleich, und er half immer allen von ihnen, ob sie nun für oder gegen ihn waren. Das lehrte uns, Menschen nicht zu verurteilen, sondern uns darauf zu beschränken, sie ohne einen konditionierenden Gedanken zu lieben.

Für uns war es sehr schwierig, diesen Zustand zu erreichen, denn es gab Dinge oder Personen, die uns gefielen, und andere, die uns nicht gefielen. Aber ganz allmählich vertiefte sich unser Verständnis, und wir wurden gleichmütiger und damit stärker.

Zu den persönlichen Gegenständen des Karmapa gehörte die berühmte "schwarze Krone", die ihm ein Kaiser von China während der fünften Inkarnation des Karmapa geschenkt hatte. Dieser Kaiser hatte eine

Krone mit einer ähnlichen Form in der Aura des 5. Karmapa gesehen, genau über seinem Kopf, und als er ihn fragte, was diese Form denn bedeute, habe dieser geantwortet, es sei ein Zeichen, das die hunderttausend Jahre Samadhi (meditativer Konzentrationszustand) in einer früheren Inkarnation bezeuge. Der 5. Karmapa habe hinzugefügt, die Dakinis* hätten eine so große Erkenntnis symbolisch geehrt, indem sie ihm eine schwarze Krone aus ihren Haaren angefertigt hätten.

Der Kaiser wollte diese symbolische schwarze Krone materiell sichtbar machen, damit alle sehen konnten, was ihm dank seiner Fähigkeit des feinstofflichen Sehens enthüllt worden war.

Der Karmapa trug diese Krone sehr oft, und die Tatsache, sie gesehen zu haben, wurde als ein großer Segen angesehen. Es hieß, die schwarze Krone (die heutzutage in Rumtek aufbewahrt wird) setze die "Gabe des Sehens" frei, was verschiedene Dinge bedeuten kann. Wenn man diese schwarze Krone auf seinem Kopf sieht, kann das zunächst bedeuten, dass uns diese Tatsache von negativem Karma, der Illusion oder aber von Leiden befreien kann (oder unsere Befreiung davon begünstigen kann).

---

* Hoch verwirklichte Wesen weiblicher Polarität, die der feinstofflichen Welt angehören.

Als der Karmapa seinen Körper verließ, war sein Gleichmut gegenüber dem Leben oder dem Tod absolut, so dass sein Tod selbst eine weitere Lehre für alle wurde, die in jenem Moment bei ihm waren. Er war sein ganzes Leben lang ein Mann mit einer robusten Verfassung gewesen, und sogar der Krebs war von alleine zurückgegangen, so dass er in Wirklichkeit nicht an Krebs starb. Kurz vor seinem Tod zog er sich alle möglichen Krankheiten zu, von Lungenentzündung bis zu Blutvergiftung. Und jedes Mal genas er spontan von jeder dieser Krankheiten, bevor er die nächste anzog.

Nach Ansicht der Tibeter hinsichtlich dieser Tatsache hat sich der Karmapa tatsächlich negatives Karma von anderen aufgeladen, wie es besonders die großen Wesen immer wieder tun, die in der Lage sind, Leiden besser als andere zu ertragen.

Den Ärzten des Krankenhauses von Chicago zufolge müssen seine Schmerzen unerträglich gewesen sein. Doch er verbrachte viel Zeit damit, ihnen zu erklären, dass er in Wirklichkeit nicht leide.

Aber natürlich wollten die Ärzte alle möglichen Behandlungen bei ihm durchführen. Das ging so weit, dass er irgendwann sagte: "Lasst sie machen, was sie wollen". Denn es war sein Wunsch, dass jeder seine eigene Funktion entwickle, und er wusste, dass die Mediziner so reagierten, weil ihr Mitgefühl sie dazu drängte.

Das einzige, was er sich weigerte einzunehmen, waren Analgetika (schmerzstillende Mittel), weil es für uns sehr wichtig ist, während des gesamten Sterbevorgangs bei Bewusstsein zu bleiben*. Manche Behandlungen waren wirklich sehr schmerzhaft, so dass er, um sie ohne die Einnahme von Schmerzmitteln über sich ergehen lassen zu können, einfach schlief. Und kaum war die Behandlung vorbei, wachte der Karmapa auf und begann sich zu verhalten, als ob alles ganz normal wäre. Er gab Unterweisungen, redete und erklärte, was passiert war. Der einzige Unterschied war, dass seine physische Energie abgenommen hatte und er deshalb nicht mehr aufstehen und sich wie früher bewegen konnte.

Er wollte auch nicht auf die "schwarzen Pillen"** zurückgreifen, denn für ihn gab es keinen Unterschied zwischen Kranksein oder bei guter Gesundheit sein, zwischen Tod und Leben. Es war genauso, wie wenn wir uns entscheiden, eine Reise machen zu wollen und in Bezug auf das Reiseziel absolut keine Panik entwickeln. Ob es hierhin oder dorthin geht, uns ist alles recht. Und so war es auch bei ihm.

Er machte verschiedene Angaben über seine nächste Inkarnation. Diese Angaben wurden geheim gehalten, um überprüfen zu können, wer wer ist.

---

* Siehe hierzu auch "T... wie Tod und Sterben".

** Siehe auch unter "M... wie Medizin".

Aber aus politischen Gründen wollten die Chinesen einen neuen Karmapa wählen. Wahrscheinlich deshalb haben sie entschieden, dass ein bestimmtes kleines tibetisches Kind der Karmapa sein müsse. In Wirklichkeit ist dieses kleine Kind nie erkannt worden, wie es sich gehört: Die Chinesen haben alles allein mit Hilfe von bestimmten Lamas gemacht, die in Tibet wohnen, sehr wahrscheinlich indem sie sie schwer unter Druck gesetzt haben. Weshalb hätten sie es sonst so eilig gehabt, die Prozedur möglichst schnell über die Bühne zu bekommen und sie dazu noch geheim zu halten? Sie haben nur zwei bis drei Monate gesucht und dann erklärt, dieses Kind sei der Karmapa. Das macht den ganzen Vorgang ziemlich suspekt.

Als der Dalai-Lama aufgefordert wurde, ihn von seinem Aufenthaltsort im Exil aus anzuerkennen und offiziell seine Zustimmung zu geben, waren die Würfel schon längst gefallen. Ihm blieb nichts anderes übrig, als einfach "Ja" zu sagen. Das Kind befand sich bereits im Kloster, und ein weiterer Konflikt hätte zu nichts Gutem geführt. Es gibt schon so genug Unterdrückung in Tibet.

In Wirklichkeit sind wir nicht in der Lage zu sagen, ob dieses Kind der Karmapa ist, weil wir es nicht nach den traditionellen Methoden überprüfen konnten. Aber es gibt da noch ein anderes Kind, das in Tibet entdeckt und wirklich allen Prüfungen unterzogen wurde.

Seine Eltern haben bezeugt, dass sich das Kind selbst als die Reinkarnation des Karmapa bezeichnet hat, als es noch ganz klein war, und dass es ihnen in allen Einzelheiten Episoden aus seinem früheren Leben erzählt hat: Es sagte ihnen außerdem, sie sollten es nicht an die große Glocke hängen, und so hielten es die Eltern ganz einfach geheim.

Dieses Kind entspricht in jeder Hinsicht der Beschreibung, die der Karmapa vor seinem Übergang gegeben hat. Doch diese neue Inkarnation des Karmapa schließt nicht automatisch den anderen Jungen, der in aller Eile "geprüft" worden war, aus. Tatsächlich kann es sein, dass sich ein zweiter und sogar ein dritter Karmapa manifestieren. In diesem Fall könnte einer von ihnen die Reinkarnation sein und die anderen seine Emanationen.

Eine Emanation ist ein Wesen, das die gleiche Natur, dieselben Qualitäten und sogar dasselbe spirituelle Niveau wie der Karmapa hat. Tatsächlich handelt es sich um jemanden, der in einer sehr engen spirituellen Verbindung zum Karmapa stand. Es ist ein bisschen, wie wenn jemand den mitfühlenden Aspekt des Buddhas so eingehend übt, dass er selbst zu diesem Mitgefühl wird. An diesem Punkt ist das Ego verschwunden, es gibt keinen Dualismus zwischen dem Subjekt, das übt, und dem Gegenstand der Übung mehr, dem Ziel der Übung selbst (beispielsweise dem

Mitgefühl). Der Praktizierende ist nichts anderes mehr als die Emanation des Mitgefühls.

Dasselbe kann sich auch in der Beziehung zwischen Meister und Schüler zutragen. Da die Natur des Schülers in dem, was wir Guru-Yoga nennen, dieselbe wie die des Meisters ist, werden wir veranlasst zu erkennen, das unser Meister und wir eins sind. Wenn wir das erkennen, werden die gesamte Weisheit, das Mitgefühl, der Gleichmut und alle anderen Qualitäten des Meisters sowie seine eigene Erkenntnisstufe direkt auf uns übertragen. Wir werden also zu einer Emanation dessen, was der Meister bis dahin erkannt hat.

In seinen früheren Leben hatte der Karmapa viele Schüler, die ihm sehr nahe standen und in der Lage waren, dieselbe spirituelle Ebene und dieselben Qualitäten wie er zu verwirklichen, so dass sie sich gegebenenfalls als seine Emanationen inkarnieren könnten, da sie ja schon eins mit dem waren, was er war.

K... wie Kreativität

Da Gedanken Energie sind, sind wir unheimlich mächtig. Die gesamte Wirklichkeit wird durch unseren Geist erschaffen. Doch unsere Schöpfung ist eine Illusion von solchem Ausmaß, dass wir beim Betrachten im Allgemeinen davon überzeugt sind, dass sie unabhängig von uns existiert.

Alles existiert nur, weil wir es ohne Unterlass neu erschaffen: unser Körper, unsere materielle Welt, die feinstofflichen Welten und der Zustand zwischen dem Tod und der darauffolgenden Wiedergeburt, den wir Bardo nennen.

Das ist der wichtigste Aspekt, der aus dem Buddhismus eine Philosophie macht und keine Religion, denn wir glauben nicht, von irgendjemand anderem erschaffen worden zu sein als von unserem Geist.

Wir beschreiben den Geist als mit den gleichen Attributen ausgestattet, die in den Religionen normalerweise Gott vorbehalten sind. Das stimmt natürlich nur, wenn wir nicht von dem mit unserer Persönlichkeit verbundenen Geist sprechen, sondern von einem sehr viel weiter gefassten Begriff von Geist, einem, der über den rationalen Geist hinausgeht und der die wahre Natur aller Dinge ausmacht, einschließlich des rationalen Geistes selbst (der begrenzt ist, weil er selbst ein Teil der Illusion ist).

Deshalb sagen wir auch, dass alle Phänomene nichts anderes sind als Leere. Darunter verstehen wir, dass sie nichts weiter sind als Schein und keine eigene Existenz haben, weil sie nur Manifestationen des Geistes sind.

Auch das, was wir die "höchste Wirklichkeit" nennen, d.h. die Wirklichkeit, die über alle Illusionen hinausgeht, ist eine große Intelligenz des Mitgefühls (die wir auch als "klarer Geist" definieren), die schon immer existiert hat, die allen Manifestationen zugrundeliegt, die alles kennt, alles durchdringt und die Macht hat, alles zu vollbringen.

Das sind normalerweise die drei Attribute, die von den Religionen Gott zugeschrieben werden. Und natürlich könnten wir, wenn wir wollten, unser Konzept des Geistes auch "Gott" nennen. Wir sollten uns jedoch in dieser Hinsicht daran erinnern, dass die Tatsache, überall zu sein und alles zu durchdringen, gleichzeitig bedeutet, dass dieser Geist (oder Gott, wenn Ihnen das lieber ist) sich auch im Menschen und in allen Lebewesen befindet.

Wir brauchen uns also nur noch bewusst werden, dass er sich genau hier befindet, und statt mit dem

Geist unserer Persönlichkeit zu handeln, müssen wir anfangen, mit dem reinen "göttlichen" Geist zu handeln, der sich in jedem von uns befindet. In diesem Fall wären wir also eins mit dem reinen Geist (oder, wenn Sie so wollen mit Gott), würden unsere wahre, tiefe Natur frei von jeder Konditionierung erkennen und würden wahres Mitgefühl ausstrahlen. Klarheit und Mitgefühl sind die Eigenschaften des reinen Geistes, die unserer wahren Natur entsprechen.

Die Intelligenz an sich hat keine Form, deshalb sagen wir auch, dass sie "leer" ist. Aber sie kann alle Formen annehmen. Und diese unzähligen Formen sind beispielsweise das, was unsere physische Wirklichkeit ausmacht. Die Illusion besteht darin, dass wir glauben, dass die Existenz dieser Formen unabhängig von unserem Geist sei. Deshalb leiden wir auch, anstatt unser Mitgefühl und unsere Intelligenz zu nutzen, um die Realität zu verändern.

Die Indianer aus dem Amazonasgebiet sagen, dass die Welt so ist, wie wir sie uns erträumen. Und das geht so weit, dass sie sich im selben Moment ändern wird, in dem wir lernen, unsere Kreativität oder Schöpferkraft anzuwenden und uns die Welt "erträumen".

Natürlich muss man einen hohen Grad an Mitgefühl oder an bedingungsloser Liebe erreicht haben, um die Welt zu verändern, indem wir sie in etwas Besseres umwandeln, zum Wohle aller fühlenden

Wesen und nicht nur zum Vorteil unserer eigenen Interessen, was hingegen heutzutage leider viel zu oft der Fall ist. Wir können die Ergebnisse davon in dieser Welt selbst sehen. Aber wir müssen uns auch bewusst werden, dass wir die Macht haben, um sie zu verändern.

Die gesamte buddhistische Philosophie hat zum Ziel, dass wir uns der Tatsache bewusst werden, dass unsere Grenzen und Beschränkungen von unserem eigenen Geist erschaffen sind. Sind wir erst einmal mit unserer wahren Natur eins geworden, gibt es für uns keine Grenzen mehr, und wir können alles erreichen. Glücklicherweise besteht unsere wahre Natur aus der von Mitgefühl geprägten Intelligenz, deshalb kann auch durch diese unendliche Macht nichts Böses entstehen. Alle, die ihre wahre Natur erkannt haben, wie etwa Buddha und Jesus, haben nie jemanden etwas Böses angetan, denn sie waren nicht nur sehr mächtig, sondern auch erfüllt von Mitgefühl.

Wir können anderen nur schaden, wenn wir Macht benutzen, ohne die wahre Natur unseres Geistes erkannt zu haben. Denn in diesem Fall fehlt es uns an dem nötigen Mitgefühl, und wir handeln nur, um den größtmöglichen Vorteil für uns selbst daraus zu ziehen. Hitler könnte ein Beispiel dafür sein. Er war ziemlich mächtig, aber ihm mangelte es völlig an Mitgefühl. In diesem Fall war jedoch seine Macht nicht vollständig, und letzten Endes muss er vielleicht sein negatives

Karma in vielen Leben kompensieren, indem er sich läutert und seine eigene Buddhanatur erkennt.

Vielleicht stellen Sie sich die Frage, ob es das Dharma zulässt, einen Mann wie Hitler zu töten, um anderen fühlenden Wesen furchtbares Leid zu ersparen, oder ob man ihn stattdessen weitermachen lassen sollte, weil er selbst ein fühlendes Wesen ist.

Also, im Laufe der Geschichte ist es mehrmals vorgekommen, dass ein Bodhisattva sich persönlich entschieden hat, eine sehr gefährliche Person zu töten, um zwei Dinge zu erreichen:

1. um allen Wesen großes Leiden zu ersparen.

2. um zu verhindern, dass das gefährliche Individuum ein noch schwereres Karma anhäuft.

Deshalb haben die Bodhisattvas bewusst das Risiko und die Verantwortung für ihre Handlung auf sich genommen, d.h. ein bestimmtes Karma auf sich genommen, und solche Personen eliminiert. Aber es ist ebenfalls wahr, dass die Bodhisattvas über Mittel verfügen, um zu vermeiden, dass das Karma wirklich negativ ist, weil sie aus Mitgefühl heraus handeln.

M... wie Magie

Bisweilen sehen sich die westlichen Touristen unsere Rituale an, hören unsere Mantras und wohnen anderen Praktiken bei, ohne wirklich deren symbolische Bedeutung zu erfassen. Das geht so weit, dass sie letztendlich glauben, dass der tibetische Buddhismus etwas mit Magie zu tun habe.

In Wirklichkeit ist jedoch genau das Gegenteil der Fall.

Magie ist eine Art und Weise der Verwendung von Energie für unsere eigenen Zwecke, um etwas für uns selbst zu erreichen.

Alle unsere Unterweisungen und unsere gesamte Übungspraxis stellen jedoch ein Mittel dar, um unsere wahre Natur zu erkennen. Und die wahre Motivation für unsere Suche ist es nicht, Befreiung für uns selbst zu erlangen, sondern dafür zu sorgen, dass alle fühlenden Wesen vom Leid und von der Illusion befreit werden.

Magie ist nichts anderes als Illusion: Wenn Sie denken, dass eine Person anders ist als Sie, wenn Sie erzwingen wollen, dass bestimmte Ereignisse in deren

Leben eintreten, um etwas für sich selbst zu erreichen, werden Sie immer stärker zu einem Gefangenen Ihres dualistischen Standpunkts werden. All das bringt nichts außer Leid, auch wenn es Ihnen interessant erscheinen mag, ein zeitweiliges Ergebnis zu erzielen, nachdem Sie das Eintreten von Ereignissen erzwungen haben.

Wenn Sie also bei einem tibetischen Ritual zuschauen, beispielsweise einem Lama, der bei seinen Handlungen ein menschliches Symbol (z.B. eine Statue) benutzt, dann erinnern Sie sich immer, dass das nichts anderes als eine Methode ist, nach außen zu zeigen, was wir mit unserer eigenen Persönlichkeit machen (und nicht mit dem Körper einer anderen Person), um unser Ego, dargestellt durch die Statue, aufzulösen und die wahre Natur von jedem von uns durchscheinen zu lassen, die aus vollkommener Weisheit und Mitgefühl besteht.

Darüber hinaus werden all diese Mantras, Mandalas, Statuen etc. als wirksame Mittel angesehen, um dieses oder jenes Ergebnis zu erzielen, aber natürlich könnten wir auch ohne sie auskommen: Sie sind nichts anderes als Werkzeuge. Hingegen können die Magier nichts ohne ihre Hilfsmittel ausrichten, und das geht sogar so weit, dass sie eine Art Abhängigkeit von diesen Gegenständen, Formeln etc. entwickeln.

M... wie Mandala

Die westlichen Menschen sind von den Mandalas immer sehr beeindruckt. Sie sehen sie als eine Kunstform an. Vor allem aber verstehen sie nicht, dass wir zuerst tage- oder gar wochenlang so viel Konzentration und Aufmerksamkeit auf die Erstellung eines Mandalas aus Sand mit all seinen Details verwenden - und es dann in den Fluss werfen, anstatt es in einem Museum einzuschließen.

Fakt ist, dass ein Mandala nicht nur eine Kunstform ist, sondern auch eine zutiefst symbolische Übung. Wir könnten auch sagen, sie verkörpert die schöpferische Aktivität des Geistes. Und aus diesem Grund lösen wir das Mandala auch auf, um uns selbst daran zu erinnern, dass alles, was in dieser Welt wirklich erscheint, nichts anderes als eine Illusion ist. Darüber hinaus ist es auch ein Sinnbild dafür, dass alle Dinge, die uns gefallen, nicht von Dauer sind, was wiederum bedeutet, dass wir keine Anhaftung an sie entwickeln sollten. Und wer ein wunderschönes Haus gebaut hat, wer eine berühmte Firma aufgebaut hat, wer eine unglaubliche Erfindung gemacht hat, wer eine glückliche Familie gegründet hat, sollte all dies lieben, ohne je allzu sehr damit verhaftet zu sein, wie auch die Mönche, die ein Mandala erstellt haben, lernen, genügend Liebe zu entfalten, um ein gutes Mandala zu kreieren, ohne jedoch an ihm zu hängen.

Ein Mandala auflösen, bedeutet auch, dass alle Manifestationen der ursprünglichen Einheit angehören, in der es kein dualistisches Denken gibt, denn das dualistische Denken ist eine Eigenschaft der Illusion.

Ein Mandala verkörpert die höchste Wirklichkeit, die Natur des Geistes wie auch den Geist des Menschens, da unser Geist von derselben Natur ist wie der vollkommene Geist des Buddha.

Bei unseren Initiationen visualisieren wir uns in der Regel beim Hineinbegeben in das Innere eines Mandalas, aber in Wirklichkeit begeben wir uns in uns selbst hinein. Dort finden wir viele Ydams oder Gottheiten, die unsere Qualitäten verkörpern. Es gibt Hunderte davon, und sie entsprechen wiederum Hunderten von verschiedenen Punkten unseres physischen und feinstofflichen Körpers.

Wenn wir ein Mandala visualisieren, visualisieren wir gleichzeitig auch immer einen Buchstaben.

So könnte man in gewissem Sinne auch sagen, dass ein Mandala eine Form ist, durch die eine ihr entsprechende Energie ins Gedächtnis gerufen werden kann, genau wie dies in vielen Traditionen mit Buchstaben oder heiligen Klängen geschieht. Im jüdischen Glauben wird das Alphabet als ein heiliges Gefäß der gesamten Schöpfung angesehen. Auf diese Weise wurde es dem Gestaltlosen ermöglicht, Gestalt anzunehmen (denn auch der Klang selbst ist eine Form oder Gestalt). So beginnt die Schöpfung selbst mit dem Wort ("Am Anfang war das Wort").

In der islamischen Tradition ist die Schrift so heilig, dass sie sich im Grunde in keine andere Sprache übersetzen lässt, ein bisschen wie unsere Mantras.

Wir sagen, dass unser Geist zwar die Buddhanatur besitzt, sie aber nicht sehen kann. Und es gelingt uns nicht, ohne die Zuhilfenahme von Symbolen wieder Kontakt mit ihr aufzunehmen. Um mit dieser Natur, die auch die unsrige ist, wieder Kontakt aufzunehmen, zeichnen wir Formen und fügen dann das Symbol eines Buchstabens hinzu, der eine oder mehrere Qualitäten der vollkommenen Natur verkörpert, mit der wir wieder in Verbindung kommen wollen, um dadurch zu bewirken, dass sich diese Qualität durch uns manifestiert. Beispielsweise wird Chenrezi als eine Emanation der friedlichen Eigenschaft des Geistes angesehen, eine Qualität, die auch wir besitzen. Aber um sie uns ins Gedächtnis zu rufen, um dafür zu sorgen, dass sie sich über unsere Persönlichkeit manifestiert, können wir das symbolische Mandala von Chenrezi darstellen, dann das Symbol eines Buchsta-

bens hinzufügen, der die Essenz von Chenrezi verkörpert und schließlich wieder eine Verbindung zu dieser
Essenz herstellen. Wir merken dann, dass wir eins mit
dieser Essenz sind, und die dualistische Vorstellung,
von dieser Essenz getrennt zu sein, verflüchtigt sich.
Wir lösen unsere Persönlichkeit in der vollkommenen
Natur des Geistes auf. Und auf dieselbe Weise wird
auch das Mandala aufgelöst.

Das ist dasselbe, wie wenn Sie sich waschen wollen. Wenn Sie erst einmal im Wasser sind, interessiert
Sie die Form des Behälters nicht mehr, und Sie fühlen
sich eins mit dem Wasser und in Frieden. In diesem
Falle könnten wir sagen, dass wir zum Wasser werden,
da wir dieselbe Qualität wie das Wasser besitzen.

Dieser symbolische Wert kann nicht allen Buchstaben unseres Alphabets zugeschrieben werden, aber
zumindest den meisten - wie im alten griechischen
Alphabet.

Unsere alphabetische Schrift und unsere Lehren
stammen ursprünglich aus Indien. Und das Sanskrit
selbst wird auch als eine heilige Sprache angesehen,
die in hohem Maße symbolische Aussagekraft hat. In
der tibetischen Kultur blieb ebenfalls die Verwendung
eines symbolischen Alphabets erhalten, die in unserer
Schriftsprache weiterhin Anwendung findet. Die tibetische Schriftsprache unterscheidet sich stark von
gesprochenem Tibetisch. Als Beispiel sei hier das

geschriebene Wort Vajra angeführt, das dem Sanskrit-
namen eines unserer Symbole entspricht, aber Benza
ausgesprochen wird.

Die häufigste Form eines Mandalas ist die eines
Tempels, d.h. man sollte es als Plan der Wohnstätte
einer Gottheit ansehen und versuchen, es sich dreidimensional vorzustellen.

M... wie Mantra

Mantras sind mit der Stimme produzierte Laute oder Klänge, deren wir uns bedienen, um unsere Persönlichkeit mit den tiefen Aspekten unserer Buddhanatur in Verbindung zu bringen, damit dieser Aspekt oder diese Qualität sich durch unsere Aktivität zum Wohle aller fühlenden Wesen manifestieren möge. Mantras sind Hilfsmittel, die eine große Entwicklung bewirken können.

Im Allgemeinen wiederholen wir sie beim Meditieren und Praktizieren der Übungen ganz oft, damit die Qualität, die wir verwirklichen wollen, über uns zu wirken beginnt. Wenn beispielsweise Ihr Sohn krank ist und Sie ihn heilen wollen, bitten Sie mit Sicherheit einen Arzt, ihn zu untersuchen, aber Sie können ihm zusätzlich auch auf Ihre Art helfen. Rezitieren Sie ein Heilungsmantra solange, bis Sie spüren, dass Sie in Kontakt mit der Heilungsenergie Ihres Geistes sind. In jenem Moment wird sich dieser Aspekt Ihrer wahren Natur über Ihre individuelle Persönlichkeit manifestieren.

Die Formeln der Mantras wurden häufig mit den "Zauberformeln" der westlichen Märchen verglichen, aber in Wirklichkeit haben sie nichts mit Magie zu tun. Magie und Zauberei sind immer die Aktivität einer einzelnen Person, die sich bemüht, ein bestimmtes persönliches Ergebnis zu erzielen, und haben nichts mit spirituellem Wachstum zu tun*. Der Zauberer oder Magier ist wie ein Mann mit einem Computer: Mit seinem Apparat kann er viele wunderbare Dinge ganz schnell vollbringen, aber ohne diesen Apparat ist er nicht besser oder geschickter als alle anderen. Durch die Verwendung eines Computers wird er nicht besser.

Wörter bestehen aus Buchstaben, und Buchstaben sind nichts anderes als Formen, mit denen auf der materiellen Ebene Laute und Klänge eingefangen werden können, die ätherische Phänomene sind. Deshalb ist der Klang bei den Übungen mit den Mantras so wichtig. In Wirklichkeit schreiben wir die Buchstaben des Alphabets, um uns an Laute und Klänge zu erinnern, die bestimmten Energieaspekten entsprechen, die wir als Qualitäten unserer tiefen vollkommenen Natur beschreiben können. Wir können damit also Mitgefühl, Intelligenz, Großzügigkeit, Heilung etc. heraufbeschwören.

In der modernen Medizin wurden in letzter Zeit die Kräfte der Klänge und des Schalls wiederentdeckt.

---

* Siehe auch "M... wie Magie".

Beispielsweise ist es möglich, damit erfolgreich Gallensteine zu zertrümmern. Mit Hilfe von Klängen und Geräuschen kann man eine friedliche Person wütend und aggressiv machen – oder aber eine cholerische Person beruhigen.

Klang ist Schwingung, und jede Schwingung entspricht einer bestimmten Energiequalität. Angesichts dieser Kenntnisse denken westliche Menschen häufig, dass es ihnen nie gelingen wird, unsere tibetische Methode wirklich effektiv anwenden zu können, weil ihre Aussprache der tibetischen Mantras sich fast immer von der von uns gelehrten unterscheidet.

Doch glücklicherweise funktioniert die den Mantras innewohnende Fähigkeit, uns bestimmte Aspekte unserer wahren Natur ins Gedächtnis zu rufen, trotz der unterschiedlichen Aussprache der Menschen. Natürlich ist der Klang beim Rezitieren der Mantras sehr wichtig, aber dasselbe gilt auch für andere Aspekte. Beispielsweise ist auch unsere innere Einstellung beim Einsatz dieses Instruments wichtig, unsere Intention und die Bedeutung der Wörter, die wir sprechen. Beispielsweise unterscheidet sich das gesprochene Tibetisch sehr stark von der tibetischen Schriftsprache, die direkt auf Sanskrit zurückgeht, da unsere Lehren uns aus Indien überliefert wurden. Das bedeutet, dass jahrhundertelang die Tibeter wahrscheinlich dieselben Ausspracheprobleme mit den

Sanskritwörtern hatten wie heute die Menschen der westlichen Kulturen, die versuchen, Tibetisch zu sprechen. Das ging wahrscheinlich so weit, dass die ursprüngliche Aussprache unserer Mantras sich möglicherweise von Generation zu Generation einschneidend verändert hat. Doch trotzdem wirken sie immer noch. Geben Sie also Ihr Bestes, und machen Sie sich ansonsten weiter keine Gedanken. Wenn Sie beim Rezitieren der Mantras auch noch zweifeln, verlieren Sie Ihr Vertrauen und werden wahrscheinlich keinen Erfolg haben. Denken Sie immer daran, dass Ihre Intention, das, was Sie dabei empfinden, wichtiger ist als die Form, die Sie dafür wählen.

Wenn wir unsere Mantras praktizieren, brauchen wir in der Regel eine gewisse Zeit des Rückzugs dazu. Das hängt von den Tausenden von Mantras ab, die wir rezitieren müssen. In Wirklichkeit entwickeln wir beim Rezitieren des Mantras nach und nach die Qualität, auf die sich das Mantra bezieht, bis wir eins mit dieser Qualität werden. Kommen wir noch einmal auf unser Beispiel vom Heilungsmantra zurück. Ein oder zwei Mantras reichen mit Sicherheit nicht aus, um zu heilen. In diesem Falle könnten wir sagen, dass die Quantität die Qualität ausmacht, was anders ausgedrückt heißt, dass sich die Qualität nicht leicht ohne die Quantität manifestiert. In gewissem Sinne könnte man diesen Mechanismus mit dem einer elektrischen Batterie vergleichen. Bevor wir eine Batterie verwenden können, muss sie zuerst mit Strom aufgeladen werden. Die Akkumulation von Energie ist also notwendig, damit ein Mantra tatsächlich seine volle Wirkung entfalten kann.

Da all diese "Zutaten" nicht messbar sind, ist eine Beschreibung der Funktionsweise der Mantras unmöglich. Allerdings ist es möglich zu bezeugen, dass sie tatsächlich funktionieren. Stellen Sie sich beispielsweise vor, Sie befänden sich in einer äußerst gefährlichen Situation und ständen kurz davor, von Ihren Emotionen überschwemmt zu werden, so dass Ihr Geist nicht mehr klar funktionieren kann, während es hingegen gerade nötig wäre, dass er noch klarer funktioniert. In dieser Situation schaffen Sie es bestimmt nicht zu meditieren, um ihrer geistigen Verwirrung zu entfliehen, weil Sie nicht genügend Zeit dafür haben. Aber wenn Sie daran gewöhnt sind, Mantras aufzusagen, werden Sie automatisch das Richtige benutzen und sofort in Kontakt mit Ihrer tiefen Natur treten. So können Sie sich in einem solchen Moment an die erforderliche Qualität erinnern. Und wenn Ihr Flugzeug weiter abstürzt, können Sie den Frieden des Geistes heraufbeschwören, den Frieden für alle, und versuchen, ihn auf die anderen Passagiere zu übertragen.

In einem Fall wie diesem ist ein Mantra ein wirksames Mittel, um in jeder Situation gut zentriert zu bleiben. Auf diese Weise können Sie also mit einem klaren Geist funktionieren, anstatt sich von Ihren verwirrten Gefühlen beherrschen zu lassen. Angesichts einer Gefahr sucht Ihr Gehirn verzweifelt nach einer Lösung, aber es gelingt ihm nicht, sie zu sehen, weil Sie fast immer völlig durcheinander sind. Das Mantra fungiert in diesem Fall wie eine helfende Hand. Sie können sich daran festklammern.

Wenn Lamas bei Konferenzen auftreten oder Unterweisungen erteilen sollen, haben viele von ihnen keine Lust, sich darauf vorzubereiten, wie es beispielsweise westliche Redner tun würden. Ihre westliche Vorgehensweise erscheint uns immer ein bisschen künstlich. Wenn wir vor einem Publikum auftreten, beschränken wir uns darauf, mit Hilfe eines Mantras mit unseren Meistern in Verbindung zu treten, sofort fühlen wir uns inspiriert und fangen an zu reden. Was mich betrifft, beginne ich, wenn ich mich meiner Persönlichkeit bediene, darüber nachzudenken und mir Sorgen zu machen, was ich sagen soll, wie es die Leute wohl aufnehmen und ob sie es wirklich verstehen werden. Mein rationaler Verstand hindert mich also daran, höhere Unterweisungen zu geben.

Alles, was ich weiß, habe ich vom 16. Karmapa gelernt. Und wenn ich, anstatt mir Gedanken darüber zu machen, was ich sagen soll, seine Gegenwart vor meinem geistigen Auge visualisiere, weil ich weiß, dass mir aus seiner Essenz alles offenbart wird, was die anwesenden Personen brauchen und verstehen müssen, kommen mir sofort viele wunderbare Ideen in den Sinn. Sie werden mir nicht von irgendeiner Stimme von außen oder irgendetwas Ähnlichem eingegeben, denn ich bin kein Medium. Sie kommen aus meinem Inneren, sobald ich die innige Verbindung zu meinem Meister wieder hergestellt habe. Ich beschränke mich darauf, das zu sagen, was ich innerlich empfinde, ohne es in irgendeiner Form zu bewerten. Und wenn ich mir selbst zuhöre, was ich da sage, kann ich darin dieselbe Qualität wie in den Vorträgen des Karmapa erkennen. Was weitaus besser ist als meine übliche Qualität.

Eine künstliche und gut vorbereitete Rede kann auch die Frucht meines Geistes sein, genauso wie die spontanen Unterweisungen, aber die zweite Art der Rede ohne Umschweife ist besser als die erste. Ich bin absolut nicht der Kanal irgendeiner anderen Person. Das einzige Geheimnis besteht in der Tatsache, dass ich meinen Geist auf die Weisheit ausrichte, mit der ich in Verbindung trete. Die Energie des Mantras wirkt auf dieselbe Weise. Sie lässt unsere besten und tiefsten Qualitäten an die Oberfläche kommen.

Ein Mantra kann von einem Meister auch dazu benutzt werden, einen Schüler aufzuwecken. Bei den Unterweisungen ist unser Geist nicht immer auf dem Höhepunkt seiner Aufmerksamkeit, sondern beginnt abzudriften. Es gibt Meister, die die Silbe "PHAT" mitten im Unterricht benutzen und sie so laut hinausschreien, dass die Schüler auf ihrem Stuhl einen Satz in die Luft machen. Aber Ziel des Ganzen ist es nicht einfach nur, mehr Aufmerksamkeit zu bekommen. Denn während Ihr rationales Gehirn einen Moment lang völlig durcheinander ist, hat der Meister die Möglichkeit, in weniger als einer Sekunde Kontakt mit ihrer rechten Gehirnhälfte, die vom intuitiven Geist bestimmt wird, aufzunehmen und ihr eine große Anzahl von direkten Informationen aus seinem eigenen Geist zu vermitteln. Diese Informationen können dann an die Oberfläche kommen, wenn es nötig ist. Es geht dabei also um eine direkte Übertragung von Geist zu Geist, die auch auf verschiedene andere Weisen erfolgen kann. Beispielsweise kann Ihnen ein großer Meister einen Schlag gegen den Kopf geben, was Sie für ganz kurze Zeit in Enttäuschung verfallen lässt, genau die Zeit, die für die Übertragung erforderlich ist. Traditionell heißt es, dass das auch in einem Augenblinzeln stattfinden kann. Daraufhin "erwacht man" also und begreift, dass man dabei ist, etwas zu erleben, ohne überhaupt im Geringsten Zeit zu haben, das, um was es da geht, in irgendeiner Form zu beurteilen. In diesem Fall haben Sie Kontakt mit Ihrer wahren Natur gehabt.

Tatsächlich projizieren wir jedes Mal, wenn wir davon reden, unsere Buddhanatur zu verwirklichen, sofort etwas und denken: "Die Buddhanatur, die muss wie das oder jenes sein". Und deshalb sehen wir nie etwas anderes als unsere eigene Projektion.

Um uns also direkt in die wahre Natur unseres Geistes zu versetzen, können wir eine Silbe benutzen. Auch wenn es ganz natürlich ist, dass sich diese Situation nicht lange aufrechterhalten lässt, da unsere Gewohnheiten sofort wieder die Oberhand gewinnen, so haben wir doch einen ganz kurzen "Vorgeschmack" darauf bekommen. Und ab diesem Moment wissen wir, dass es etwas gibt, das es sich lohnt, immer weiter zu suchen.

Durch regelmäßiges Üben können Sie diesen "Vorgeschmack" immer öfter bekommen und sich länger in diesem Bewusstseinszustand halten, bis es Ihnen schließlich gelingt, ihn, befreit von der Illusion, stabil beizubehalten.

Aber wenn Sie häufig mit Mantras arbeiten, wie das bei den tantrischen Übungen* der Fall ist, werden Sie nichts begreifen, wenn Sie nicht ein gewisses Niveau an Mitgefühl entwickelt haben, denn die Intelligenz und das Mitgefühl sind die Grundlagen aller anderen Qualitäten des Geistes und erforderlich, damit sich diese anderen Qualitäten auf natürliche Weise manifestieren können.

---

* Siehe auch "G... wie Gottheit"

Man könnte auch sagen, dass das der Schlüssel ist, um zu garantieren, dass kein schlechter Gebrauch von den Mantras gemacht wird. Ohne Mitgefühl keine Macht zu handeln!

Eines der bekanntesten Mantras im Westen ist: OM MANI PADME HUNG, ein Mantra, das die Tibeter für gewöhnlich ihr ganzes Leben lang wiederholen. Es ist ein Mantra, das aus sechs Silben besteht. Jede Silbe verkörpert eine der sechs "Welten" der fühlenden Wesen. Wenn wir also OM MANI PADME HUNG sagen, fühlen wir uns im Kontakt mit allen Wesen. Das ist ganz ähnlich wie das MITAKUYE OYASIN der amerikanischen Indianer, das verschiedene Bedeutungen hat, aber dessen wichtigste Grundbedeutung zu sein scheint: "Wir sind alle miteinander verwandt". In Übereinstimmung damit verstehen wir, dass alle fühlenden Wesen eins sind. All das hängt mit dem Mitgefühl zusammen, denn was wir jedem beliebigen Wesen antun, tun wir uns selbst an. Aber natürlich ist es sehr schwer, ein Mantra zu übersetzen, da sich seine Silben auf Symbole beziehen.

Häufig können wir geschriebene Mantras auf Gebetsfahnen oder einem Stück Papier sehen, das sich in einer Gebetsmühle befindet. Diese Art des Betens sollte nicht als ein Aberglauben angesehen werden, sondern als eine Opfergabe an die fühlenden Wesen um uns herum, da die Schwingungen des Mantras - auch ohne Klang – durch den Wind in alle Himmelsrichtungen getragen werden.

Wenn wir die Gebetsmühle drehen, in der sich das Mantra OM MANI PADME HUNG befindet, wollen wir damit sagen, dass wir bereit sind, das Mitgefühl und das Gefühl der Einheit mit den Bewohnern aller Existenzbereiche zu teilen. Diese Wesen empfangen also unsere Intention, und alle haben an derselben Harmonie teil.

Häufig enthält eine Gebetsmühle oder befinden sich auf einer Gebetsfahne viele verschiedene Mantras, um viele positive Qualitäten auszudrücken, die der wahren Natur aller fühlenden Wesen entstammen und sich auf diese Weise manifestieren können.

Ein weiteres, bei den Menschen der westlichen Kulturen bekanntes Mantra ist: OM AH HUNG VAJRA GURU PADMA SIDDHI HUNG*. Das ist das Herzmantra von Padmasambhava. OM AH HUM bedeutet der Körper, das Wort und der Geist. BENZA GURU weist auf den Padmasambhava selbst als "Meister, der die vollkommene Diamantnatur besitzt, die rein und unzerstörbar ist" hin. SIDDHI HUNG bezieht sich auf unsere Essenz, die dieselbe ist wie die des Padmasambhava.

---

* Die tibetische Ausprache lautet: OM AH HUM BENZA GURU PEMA SIDDHI HUM.

Dieses Mantra wird Herzmantra genannt, weil wir im Herzen mit dieser Essenz Verbindung aufnehmen können.

Jede Gottheit ist an sich einer der Aspekte unserer wahren Natur und hat ihr eigenes Mantra.

M... wie Medizin

Unsere Vorstellung von Medizin beruht auf der Vorstellung, die wir vom Menschen haben. Im Menschen gibt es keine Trennung zwischen der physischen, emotionalen und rationalen Natur, weil alles aufs Engste miteinander zusammenhängt. Deshalb beschränken wir uns nicht auf einen dieser Aspekte, wenn wir uns darauf vorbereiten, jemanden zu heilen, sondern wir gehen all diese eng zusammenhängenden Aspekte gemeinsam an.

Wir zählen dabei auch auf die Buddhanatur unseres Patienten. So kann unsere Medizin also als ein ganzheitliches System angesehen werden, bei dem der Mensch in all seinen vielseitigen Aspekten miteinbezogen wird.

Bei diesem System wird sogar der Energiefluss der feinstofflichen Energie mit berücksichtigt sowie die mitmenschlichen Beziehungen etc.

Deshalb ist unsere Medizin auch eine Wissenschaft, die in Harmonie mit der Religion, Philosophie und Psychologie funktioniert, d.h. je mehr Ansätze es gibt, desto mehr Ergebnisse werden erzielt.

Das ist für die westlichen Menschen immer ein bisschen überraschend, weil sie heutzutage daran gewöhnt sind, all diese Dinge als getrennt anzusehen. In der Vergangenheit war das nicht so. So bestand bei der keltischen Medizin ein enger Zusammenhang zur Spiritualität, wie dies auch heute noch bei den amerikanischen Indianern oder bei der traditionellen afrikanischen Medizin der Fall ist.

In Tibet waren praktisch alle Ärzte Lamas. Sie mussten sich also bemühen, zum Wohle aller fühlenden Wesen zu handeln und nicht zum eigenen Vorteil. Und das bereits vor Einschlagen der medizinischen Laufbahn.

In diesem Sinne stand die Medizin damit in einem engen Zusammenhang mit dem Aspekt des Mitgefühls des Geistes und wurde immer als ein Dienst an der Menschheit angesehen, so dass niemand den Arzt oder die Medikamente bezahlen musste. Nach einer ziemlich langen Ausbildung in einem Kloster, die acht bis zehn Jahre dauerte, fing der Arzt an, alleine zu arbeiten. Er arbeitete weder für Geld noch für Ruhm, sondern aus völlig uneigennützigen Motiven. So beklagte sich ein tibetischer Arzt nie, machte sich nie Sorgen um die Zeit und stand jederzeit zur Verfügung. Natürlich musste auch er leben, aber er machte sich darüber keinerlei Sorgen, denn er wusste, dass sich die Leute genauso um ihn kümmern würden, wie er sich

Verlag

»Die Silberschnur« GmbH

Postfach 41

D-56590 Horhausen

|||||||||||||||||||||||||||||||| SILBERSCHNUR ||||||||||||||||||||||||||||||||

www.silberschnur.de · E-Mail: bestellung@silberschnur.de

Vadim Zeland

Transsurfing
Die Realität ist steuerbar

232 Seiten, broschiert
€ (D) 14,90
ISBN 978-3-89845-154-3

Dieses Buch löste in Russland eine wahre Revolution aus. Die Realität ist steuerbar! Glauben auch Sie, dass Sie von den äußeren Umständen abhängig sind? – Es ist aber genau umgekehrt! Sie selbst kreieren die äußere Realität. Mit Hilfe von Transsurfing können Sie Ihre Realität steuern. So erfüllen sich Ihre Wünsche und Ihre Träume gehen in Erfüllung. Folgen Sie den Anleitungen in diesem Buch – Sie werden begeistert sein!

Ja, ich möchte gerne weitere Informationen erhalten.

Bitte senden Sie mir O per E-Mail oder O per Post

O Ihr Verlagsprogramm O Informationen zu Seminaren

Informationen zu Büchern über:

O Astrologie O CD & Hörbuch O Esoterik

O Gartenwelten O Lebenshilfe O Mensch & Umwelt

O Romane O Tarot & Karten O Wissenschaft

Jetzt NEU!

Name, Vorname

Telefon E-Mail

Straße, Hausnummer

Land, PLZ, Ort

Ich erkläre mich einverstanden, dass der Verlag »Die Silberschnur« und Kooperationspartner meine Daten zu Direktmarketingzwecken verwenden dürfen.

um sie kümmerte. Aus diesem Grund brachten ihm die Patienten immer irgendeine Gabe mit. Die Reichen gaben ihm mehr als die Armen, die ihm beispielsweise zu bestimmten Jahreszeiten ihre Dienste anboten, um mit ihm in die Berge zu gehen und ihm beim Sammeln der Heilkräuter zu helfen, die er anschließend zu Heilmitteln und Arzneien verarbeitete.

Heutzutage ernten die Ärzte die Kräuter an den Hängen des Himalayas, die in Indien liegen, und manchmal auch auf der tibetischen Seite, seit eine größere Öffnung des Landes stattgefunden hat. Aber da diese Heilmittel anschließend ins Ausland verschickt werden müssen, müssen sie sich zumindest den Transport per Flugzeug zahlen lassen.

Früher mussten die tibetischen Ärzte große Entfernungen zurücklegen. Sie taten das mit Pferden. Sie nahmen jedes Mal alle möglichen Heilmittel mit, weil sie nie wissen konnten, welche Art von Krankheit sie zu bekämpfen haben würden. Und wenn man sie um Hilfe bat, kamen sie immer.

Aufgrund der großen Distanz zwischen den Kranken und dem Arzt mussten die Tibeter eine Art Fernheilungssystem zur Nachsorge auf Distanz entwickeln, das gleichzeitig auch ein Mittel war, um sehr tiefen Kontakt mit dem Geist des Kranken aufzunehmen. Möglicherweise würde man diese Fähigkeit im Westen als eine Art "Psychometrie" bezeichnen, da die Ärzte sich in der Regel eines Kleidungsstücks des Patienten bedienten oder ihn über eines seiner Familienmitglieder perfekt untersuchen konnten.

Die tibetischen Ärzte waren fachlich ausgezeichnet, da sie aus einer Geisteshaltung heraus handelten, die rein auf Wohltätigkeit beruhte. Sie waren mit Sicherheit von Mitgefühl erfüllt, aber sie waren auch extrem präzise und gut vorbereitet. Sie gingen tausendmal lieber ins Gebirge, um über frische Kräuter zu verfügen, auch wenn das bedeutete, dass sie alleine dorthin gehen und nach ihrer Rückkehr die Kräuter trocknen und zu Arzneimitteln verarbeiten mussten. Heute spielen sich die Dinge gezwungenermaßen ganz anders ab, da die Medikamente von den Leuten, die über die ganze Welt verteilt sind, nicht mehr in Form frischer Produkte eingenommen werden können. Aber es muss gesagt werden, dass die alten Ärzte mit den Pillen nicht zufrieden sind. Sie ziehen weiterhin die Pulver vor, die aus frisch gesammelten und anschließend getrockneten Kräutern hergestellt werden.

Ihre Arbeit steht in einem tiefen Zusammenhang mit den Elementen, mit den Energien bestimmter Orte*, aber auch mit der Zeit, denn im Laufe des 24-Stunden-Zyklus verändert sich der Einfluss der Planeten auf die Arzneimittel und auf die Patienten selbst alle

---

* Siehe auch "D... wie Devas".

zwei Stunden. Das bedeutet, dass es sein kann, dass um ein Uhr nicht dasselbe Medikament verabreicht wird wie um drei Uhr.

Bei den tibetischen Ärzten war es außerdem üblich, die Personen aus dem näheren Umfeld des Patienten zu untersuchen, die sich möglicherweise um ihn kümmern würden und oft besser daran getan hätten, sich von ihm fern zu halten. Die tibetischen Ärzte waren in der Lage, den genauen Moment auszurechnen, in dem das Potenzial des Patienten am besten war, um die Behandlung vorzunehmen.

Bisweilen war es nötig, auch eine spirituelle Seite mit einzubringen, um das Heilmittel mit Energie aufzuladen und es dadurch wirksamer zu machen. Zu diesem Zwecke bedienten sich die Ärzte verschiedener Methoden wie Meditation, Mantras, Mudras etc., damit ihre Präparate auf verschiedenen Ebenen wirksam werden konnten: auf der körperlichen, emotionalen etc. Für die Tibeter ist die ausschließliche Behandlung des physischen Körpers nicht von besonderem Interesse, da sie glauben, dass die Krankheit nach kurzer Zeit wieder auftritt, wenn die Energie weiterhin unausgeglichen bleibt.

Jede Schule hat ihre eigene Vorgehensweise zur Zubereitung der Pillen.

Bei einer besonderen Zeremonie, die dazu dient, uns an die Heilungsfähigkeit des Geistes in jedem von uns zu erinnern*, werden die in den Bergen gesammelten

Kräuter im Zentrum eines Mandalas** aufgehäuft. Das Ritual kann einige Tage aber auch einige Wochen dauern, und am Ende haben die Kräuter einen bestimmten Geruch angenommen. Das ist das Zeichen, dass sich die besondere Energie, mit der man die Kräuter mittels der Rituale und der Mandalas aufladen wollte, in den Kräutern eingestellt hat. Danach verarbeiten die Lamas diese Kräuter in Pillen, die gezielt gegen ganz bestimmte Krankheiten nicht besonders wirksam sind, aber im Allgemeinen dazu dienen, den psychophysischen Allgemeinzustand des Patienten wieder ins Gleichgewicht zu bringen, damit er die Krankheit mit seinen eigenen Antikörpern überwinden und sich selbst heilen kann.

Der 16. Karmapa war kein Arzt, jedoch ein hoch erleuchtetes Wesen***, das von Zeit zu Zeit die sog. "schwarzen Pillen" zubereitete, die ein typisches Beispiel für die Art und Weise waren, wie die Spiritualität und die Medizin in Tibet ein und dasselbe waren.

Diese Pillen sind wirklich etwas ganz Besonderes, und in Rumtek durfte ich bei ihrer Zubereitung zuschauen. Das geschah nicht häufig. Es war der Karmapa in seiner siebten Inkarnation, der die schwar-

---

* Siehe auch "M... wie Mantra".
** Siehe dazu die Funktion eines Mandalas unter "M... wie Mandala".
*** Siehe auch "K... wie Karmapa".

zen Pillen zum ersten Mal herstellte. Die siebte Inkarnation eines Bodhisattvas nimmt eine ganz besondere Stellung ein, denn mit ihr beginnt ein neuer Aktivitätszyklus. In jener Zeit wurden also zum ersten Mal alle Zutaten für die Herstellung der schwarzen Pillen zusammengetragen. Diese Zutaten werden heute im Reliquienschrein von Rumtek aufbewahrt.

Wenn der Vorrat an diesen Pillen wieder aufgefüllt werden muss, ist dazu die Zusammenkunft und der Segen von vielen großen Yogis aus Indien nötig. Seit wir Tibet verlassen haben, ist es nur ein einziges Mal geschehen. Vierunddreißig Yogis sind also nach Rumtek gekommen und entnahmen aus dem Reliquienschrein ein ganz kleines Stückchen eines Pflanzenstängels, der von hölzerner Konsistenz, aber noch grün war (ohne Wurzeln oder Blätter). Dieses Stückchen war nicht größer als 6 Zentimeter. Dieses Stängelfragment ist wirklich außergewöhnlich, den von Generation zu Generation ist es immer dasselbe und immer frisch.

Sie schnitten also ein Stückchen dieses Stängels ab, um es für die Herstellung der schwarzen Pillen zu verwenden. Und sofort richtete sich der Stängel wieder auf, nahm wieder seine ursprüngliche Größe an, so dass sie ein weiteres Stückchen abschneiden konnten, um mehr Pillen herzustellen, und so weiter und so weiter.

Diese Yogis besaßen außerordentliche Fähigkeiten*. Sie verwendeten außerdem einen kleinen Teller, der

Padmasambhava** gehört hatte und den er versteckt hatte, damit er später wiedergefunden werden könnte. Es kommt häufig vor, dass die Bodhisattvas äußerst kraftvolle Lehren erkennen, aber die Zeit noch nicht reif ist, die Menschen davon profitieren zu lassen, so dass sie sie manchmal in Form von Gegenständen verstecken, die später von ihrer neuen Inkarnation wiedergefunden werden können, wenn die richtige Zeit dafür gekommen ist. Diese Gegenstände oder Lehren werden Termas*** genannt.

Dieser Teller ist also wahrscheinlich ein Terma, das vom 7. Karmapa wiedergefunden wurde, der damals der erste war, der die schwarzen Pillen zubereitete. Da dies während seiner siebten Inkarnation geschah, wollte der 16. Karmapa jetzt diesen Teller segnen. Dazu stellte er ihn in das Zentrum eines Mandalas, und im selben Moment verwandelte sich das darin enthaltene Wasser in Milch. Diese Verwandlung fand bei Nacht statt.

Die dritte "Zutat" ist ein sechs Zentimeter langes Rechteck aus Metall, das ebenfalls im Reliquienschrein aufbewahrt wird. Es sieht so aus, als sei es aus Eisen und dies ist wahrscheinlich auch so.

---

* Siehe auch "F...wie Fähigkeiten".
** Siehe auch "B... wie Bodhisattva".
*** Siehe auch "S... wie Schätze (versteckte)".

Um die Pillen zuzubereiten, muss das zu Pulver zerstampfte, kleine Stängelstückchen in die Milch auf dem Teller gegeben werden. Der Inhalt des Tellers bleibt weiß, bis dieses Metallteil hinzugefügt wird, das die bis dahin milchig weiße Flüssigkeit schwarz werden lässt. Deshalb sind auch die Pillen selbst schwarz. Zu der schwarzen Flüssigkeit wird dann noch Tsampa zugegeben. Tsampa ist das Hauptnahrungsmittel der Tibeter – und ist nichts anderes als geröstetes Gerstenmehl.

Durch das Mischen all dieser Zutaten entsteht eine Art Teig, den die Lamas zu kleinen Pillen rollen. Doch der Karmapa selbst stellt größere Pillen her, die sog. "Mutterpillen", die so genannt werden, weil sie in der Lage sind, von sich aus kleinere Pillen zu produzieren, die "Kinderpillen" genannt werden. Der gängigen Erfahrung zufolge produzierten die Mutterpillen umso mehr Kinderpillen, je mehr Kinderpillen den Kranken gegeben wurden. All das mag den westlichen Menschen sehr seltsam vorkommen, aber es kann passieren, dass man dank der hohen Erleuchtung eines Karmapas nicht mehr den Gesetzen der Materie unterworfen ist, wie wir sie kennen.

Diese Pillen wirken wie ein Segen auf der spirituellen Ebene, da sie es uns ermöglichen, selbst von unserem Tod zu profitieren, um uns von negativen karmischen Bindungen zu befreien, aber auch um bewusst eine gute Wiedergeburt zu erleben. Diese Art von

Befreiung gehört zur Kategorie der "Befreiung über den Geschmackssinn", da sie durch das Schlucken der schwarzen Pillen zustandekommt. Aber in Wirklichkeit handelt es sich dabei um eine besondere Heilung. Das heißt nicht, dass wir dadurch zu einem Buddha werden, aber wir werden dadurch von unseren schwersten Leiden befreit. Es kann sich dabei um körperliche Leiden oder Todesangst handeln, oder aber um unsere Spannungen oder Aversionen. Auf jeden Fall ist sicher, dass sie uns immer von irgendetwas befreien.

Denjenigen zufolge, die die Wirkungen dieser Pillen auf die Kranken gesehen haben, wirken sie jedoch auch noch auf anderen Ebenen. Die Wirkungsweise eines Segens ist mit dem Verstand nicht einfach zu erfassen, da ein Segen weder sichtbar noch messbar ist. Seine Wirkungen können aber festgestellt werden. Ein Segen ist nichts anderes als eine tiefe Verbindung zwischen dem Geist des Meisters und dem des Schülers. Dabei übermittelt der Meister dem Schüler Energie, die vorübergehend das im Schüler bereits vorhandene Transformationspotenzial aktivieren kann.

Fast immer führt dies beim Kranken zu einer enormen Entspannung, er beruhigt sich und wird ganz friedlich. Keine Schmerzmittel sind mehr nötig, selbst bei den schmerzhaftesten Krankheiten. Der Kranke erlebt alles, was da geschieht, vollkommen bewusst. Im Kapitel "T... wie Tod und Sterben" werden Sie verstehen, warum es so wichtig ist, im Augenblick des Todes bei Bewusstsein zu sein.

Viele Menschen sind anschließend in der Lage, sich körperlich zu erholen. Sie fühlen sich bedeutend besser, da ihre Energie ausgeglichener und ihr Geist positiver eingestellt ist. Was die gängigsten Heilungen mit diesem Mittel betrifft, habe ich persönlich vielen Fällen von Tollwut beigewohnt, die sowohl bei Tieren als auch bei Menschen durch die Verabreichung einer schwarzen Pille unmittelbar nach dem Biss vollkommen geheilt werden konnten.

Ich gehe davon aus, dass sie auch bei vielen anderen ansteckenden Krankheiten wirksam sind, insbesonderes wenn das Nervensystem betroffen ist, ich habe aber auf diesem Gebiet keine persönlichen Erfahrungen.

Die kleinen schwarzen Pillen sind wirklich winzig, nicht größer als ein Stecknadelkopf, aber dafür umso wirksamer. Niemand außer dem Karmapa, der sich dabei von jenen großen Yogis helfen ließ, ist in der Lage, sie herzustellen. Trotzdem stehen sie immer noch an verschiedenen Orten auf der Welt zur Verfügung, da der Karmapa dort überall eine kleine Menge zurückgelassen hat. Es gibt keine Gegenanzeigen gegen ihre Einnahme, und sie sind nicht nur für die Sterbenden gemacht. Sie können allen Menschen verabreicht werden, die gerade eine schwierige Phase in ihrem Leben durchmachen, um ihnen zu helfen, da sie für uns eine sowohl materielle als auch spirituelle Verbindung mit einem großen Bodisattva darstellen.

Im Allgemeinen berufen sich die Tibeter auf die Qualität der inneren Heilung, die unserer wahren Natur eigen ist. Aus diesem Grunde haben sie auch eine Vielzahl von Heilungs- oder Selbstheilungsübungen auf der Grundlage von Visualisierungen und Mantras entwickelt, die aus verschiedenen Schulen oder Überlieferungen hervorgegangen sind.

In Tibet waren die Krankheiten, von denen die Bevölkerungen befallen wurden, wohlbekannt, so dass es eigentlich keine neuen Krankheiten gab. Heutzutage ist es einfacher, überall hinzugelangen, und die Menschen reisen mehr. Dadurch sind auch andere Krankheiten aufgetaucht, als die, die wir früher kannten. Als wir uns beispielsweise mit Krankheiten wie AIDS auseinandersetzen mussten, haben unsere Ärzte mit dem traditionellen Ansatz darauf reagiert. So wird also seit Jahren versucht, eine geeignete Therapie dagegen zu finden, bei der sowohl spirituelle Übungen als auch Kräuter zum Einsatz kommen. Und bis jetzt leben die meisten Patienten, die angefangen haben, sich dieser Langzeitbehandlung zu unterziehen, immer noch. Das gibt den Ärzten zusätzlich Zeit, um nach einer Lösung zu suchen, und vielleicht finden sie allmählich auch ein Mittel dagegen.

M... wie Mudra

Mudras sind symbolische Gesten mit den Fingern und den Händen, die bei den Übungen ausgeführt werden und die wir häufig auf Gemälden abgebildet und bei Statuen sehen können.

Doch sie haben auch eine eigenständige Funktion, wenn sie von den Praktizierenden ausgeführt werden, denn sie sind in der Lage, den feinstofflichen Energiefluss in unserem Körper zu verbessern und ermöglichen es uns daher, Energie weiterzugeben und zu empfangen. Wenn Sie beispielsweise mit Ihrer tiefen vollkommenen Natur in Kontakt sind*, gibt es Mudras, die diesen Kontakt verbessern, d.h., Sie empfänglicher für sich selbst machen können. Und da wir unsere Erfahrungen mit anderen teilen wollen, werden wir das, was wir von unserem Innersten empfangen haben, mit Hilfe von Mudras, die in der Lage sind, unsere Übertragungsfähigkeit zu verbessern, an die anderen weitergeben können. Darüber hinaus sind die Mudras ein gutes Hilfsmittel zur Verbesserung unserer Meditationsfähigkeit.

---

* Siehe auch "M... wie Mantra".

N... wie Name

Wenn wir uns einer Tradition anschließen, weil wir daran teilhaben wollen, bekommen wir in der Regel einen Namen. Auch bei den Christen ist das so, denn die Taufe ist eine symbolische Handlung für unseren Eintritt in eine Gemeinschaft von Personen derselben Religion. Diese Gemeinschaft soll uns bei unserem spirituellen Wachstum unterstützen. Bei den Buddhisten wird diese Gemeinschaft den Lehren Buddhas zufolge Sangha genannt und ist sehr wertvoll für unsere Entwicklung, genauso wertvoll wie die Lehren des Dharma und unsere wahre Buddhanatur.

Ein Name dient auch dazu, um eine Veränderung bei uns anzuzeigen. Der christlichen Religion zufolge reinigt die Taufe den Menschen von der Erbsünde, wodurch es ihm möglich wird, sein Leben völlig erneuert zu beginnen.

Für uns Tibeter bedeutet ein Name unsere erneute Rückkehr in diese Welt und zeichnet den Weg dessen vor, was wir in diesem Leben tun werden. Ein Name hat immer eine bestimmte Bedeutung und verkündet stets Glück. Im Allgemeinen müssten

unsere Handlungen im Leben unserem Namen entsprechen.

Das muss nicht immer schon von Anfang an so sein,
aber durch das ständige Üben beginnt man allmählich
zu dem "zu werden", was unser Name vorzeichnet.
Beispielsweise bedeutet Jig-me-la "frei von Angst", aber
in Wirklichkeit kann der Sinn auch in Richtung "fest,
stabil" gedeutet werden. Ich wusste also von Anfang an,
dass ich einen stabilen Geist verwirklichen müsste.
(Weitere Hinweise zur Stabilität des Geistes finden Sie
unter "G... wie Gefühle und Emotionen".)

Auch beim Eintritt in einen Mönchsorden wechselt man den Namen, da man auf alles verzichtet und
ein neues Leben anfängt. Manchmal sind unsere
Mönchsnamen ein bisschen lang, da sie sehr wichtige
Informationen in Bezug auf das enthalten, was wir mit
der Zeit erreichen werden. Mein Mönchsname ist
Karma Droup Gyu Guendun Gyamtso. Das heißt
Folgendes: Karma bezieht sich auf die Handlungsweise, Droup bedeutet Perfektion der Übung*, Gyu
bedeutet Überlieferungslinie. Der erste Teil dieses
Namens sagt also aus, dass ich alle Übungen der Überlieferungslinie Karma verwirklichen soll. Guendun
Gyamtso bedeutet: "für die Entwicklung eines Ozeans
von Personen". Aber wenn uns unsere Meister einen

---

* Siehe auch "I... wie Integration und Übung".

Namen geben, erklären sie uns nie den Sinn. Wir müssen durch unsere Intuition selbst darauf kommen.

Mir wurde also nie gesagt, welche Aktionen ich ausführen sollte und wie ich möglicherweise so vielen Personen auf ihrem spirituellen Weg helfen könnte.

Wenn wir Tibeter jenen, die in unsere Tradition eintreten, Namen zuweisen, tauchen diese Namen in der Regel spontan auf, erscheinen im Geist des Lamas und werden sofort aufgeschrieben.

Aufgrund der Struktur unserer Sprache kann ein Name viele verschiedene Bedeutungen haben, und jeder entdeckt daher erst nach und nach, in welcher Hinsicht diese Bedeutungen seinem eigenen Leben entsprechen.

Was mich betrifft, weiß ich nicht, welche Tiefe eigentlich die Übungen erreichen müssten, auf die sich mein Name bezieht, aber auf jeden Fall habe ich festgestellt, dass ich einen natürlichen Hang zum Üben habe. Vielleicht geht das auf eine bereits in der Vergangenheit erworbene Fähigkeit zurück, da Guendun auch "Verbindung" bedeutet: eine karmische Verbindung zur Vergangenheit, aber auch eine Verbindung zu einem Wunsch. Man könnte sagen, dass ich mir wahrscheinlich in einem früheren Leben ganz stark gewünscht habe, meine Übungspraxis zur Perfektion zu bringen und dabei das Wohl der fühlenden Wesen im Auge hatte. Und vielleicht fällt mir deshalb heute das Üben so leicht. Vielleicht ist es das, was der Karmapa mir gewünscht hat, als er mir diesen Namen gab, oder aber er wusste schon im Voraus ganz genau, was ich später in meinem Leben machen würde.

Nachdem wir in den Orden eingetreten sind und einen neuen Namen bekommen haben, benutzt in der Regel niemand mehr unseren alten Namen. In Indien sprechen mich also alle mit meinem Mönchsnamen an. Aber im Westen zählt nur der Pass, der in meinem Falle von den offiziellen Stellen in Bhutan in meiner Abwesenheit ausgestellt wurde, so dass ich keinen Einfluss darauf hatte. Mein Geburtsdatum und mein Name fehlten darin völlig. Es blieb nur noch der Name, den mir meine Eltern gegeben hatten. Deshalb werde ich also im Westen Jigmela genannt!

N... wie New Age

In der Regel mögen tibetische Lamas den Begriff New Age überhaupt nicht, weil unter diesem Begriff eine verwirrende Unmenge von Bewegungen und kommerziellen Erfindungen zusammengefasst wird, die nichts mit spiritueller Entwicklung zu tun haben. Doch in gewissem Sinne hat die Gesamtheit der New Age-Bewegung etwas Positives an sich, da sie uns eine breite Vielfalt von Gelegenheiten eröffnet, Personen zu treffen, die angefangen haben zu denken, dass es möglich ist, einen Wandel zu vollziehen. Und diese Öffnung verdanken wir dieser Bewegung. Vielleicht wären ohne die New Age-Bewegung alle Türen weiterhin verschlossen. Und wenn der Buddha selbst auftauchen und versuchen würde, uns etwas mitzuteilen, wäre niemand da, um ihn anzuhören, da die meisten Menschen nicht bereit wären, ihm Gehör zu schenken.

Man könnte auch sagen, dass selbst die, die nicht über ein Karma aus einem früheren Leben verfügen, dass sie zur inneren Suche drängt, heute Gelegenheit haben anzufangen, ein neues, positives Karma aufzubauen und gute Verbindungen für die Zukunft zu knüpfen. Wir haben alle dieselbe tiefe und intelligente Buddhanatur, und die Tatsache, dass es viele verschiedene Schlüssel gibt, um unseren eigenen Weg zu beginnen, ist sehr nützlich, denn diese verschiedenen Schlüssel können verschiedene Personen stimulieren und ihnen auf ihrem Weg in Form von positiven Verbindungen in ihren zukünftigen Leben als Hilfsmittel dienen.

Nehmen wir einmal den Buddhismus als Beispiel: Dank der allgemeinen Öffnung, die durch die New Age-Bewegung erzeugt wurde, kommen viele westliche Menschen zu uns und bitten uns, ihnen die Lehren des Dharma beizubringen. Es ist leicht vorstellbar, dass viele von ihnen karmische Verbindungen aus früheren Leben mit den Lehren Buddhas haben, aber viele haben sich diese Verbindungen auch jetzt erst geschaffen.

Die New Age-Bewegung muss wie eine grundlegende Öffnung verstanden werden, die dazu führt, dass die Menschen ihre eigene Suche weiter vorantreiben können. Ihre Geist und ihre Seele sind auf der Suche nach etwas. Sie sind intelligent, und sie finden beispielsweise im Buddhismus etwas für sie Bedeutsames. Oder aber sie finden in einer anderen Tradition etwas, das besser zu ihnen passt, denn die Wahrheit ist überall. Von dort gehen sie ihren Weg weiter und können sich nun wirklich entwickeln.

Die einzige Gefahr besteht darin, ständig von einer Blume zu anderen zu fliegen, ohne jemals einen bestimmten Weg einzuschlagen und ohne sich jemals wirklich auf den Weg einzulassen, den wir uns ausgewählt haben. In diesem Fall verwandeln sich alle Seminare und Bücher einfach in eine äußerliche Ablenkung für den Geist, einen guten Grund, um sich nicht wirklich auf eine tiefere Suche einlassen zu müssen. Es kann aber auch vorkommen, dass eine Person beschließt, sich voll auf einen bestimmten Weg einzulassen, sei es nun der Buddhismus oder etwas anderes, das ist völlig egal, und sobald auf diesem Weg die ersten Schwierigkeiten auftauchen, fällt sie in die New Age-Bewegung zurück. Auch deshalb denken viele Lamas, dass diese Bewegung mehr Nachteile als Vorteile mit sich bringt.

Doch ich persönlich möchte den positiven Aspekt herausstreichen. Die Menschen werden offener, beginnen bereits im Innern dieser Bewegung, viele gute Lehren mitzubekommen und öffnen sich dadurch noch weiter. Man könnte es mit einer Bibliothek vergleichen: Zuerst muss man viele Bücher sammeln, um dann später das aussuchen zu können, dass uns nützlich sein kann.

O... wie Orakel

Orakel sind in Tibet sehr häufig, und alle werden offiziell anerkannt und geehrt.

Orakel sind Geister, die sich Personen im Trancezustand bedienen. Diese Personen können nach einigen Jahren durch andere ersetzt werden und müssen zweifelsohne ersetzt werden, wenn sie sterben.

Teilweise werden sie von bestimmten nicht inkarnierten Wesen "bewohnt", die über große Fähigkeiten verfügen. Im Kapitel "V... wie Verrücktheit" können Sie beispielsweise nachlesen, wie ein nicht inkarnierter Praktizierender, der mit besonderen Fähigkeiten ausgestattet war, in der Verwirrung des Bardo sein Mitgefühl verloren hatte und daher vorübergehend einen Menschen "bewohnte" und ihn verrückt machte. Wenn ein solches Wesen jedoch sofort Hilfe von Seiten eines ausgebildeten Meisters bekommt, der ihm hilft, seine eigene mitfühlende Seele wiederzufinden, wird es aus Dankbarkeit seine Hilfe über ein Orakel anbieten.

Durch das In-Kontakt-Bleiben mit großen Lamas und durch das Beitragen zu ihren Werken kann sich auch dieses Wesen im Hinblick auf Mitgefühl und absolute Weisheit immer weiter entwickeln.

Sein Geist wird nicht durch einen Körper, durch die Zeit oder den Raum eingeschränkt, und deshalb kann es weiter und besser sehen als wir.

P... wie Prophezeiungen

Vielen Prophezeiungen zufolge befinden wir uns in Erwartung einer besonderen Zeit, in der viele Bodhisattvas auf der Erde auftauchen sollen. Symbolisch ausgedrückt heißt es, es werden tausend kommen, was in Wirklichkeit so viel heißt wie: Es werden viele kommen.

Eine solche Prophezeiung heißt nicht, dass es heute mehr Bodhisattvas als früher gibt, sondern wahrscheinlich, dass man in der heutigen Zeit wissen kann, wo sie sich aufhalten und wie sie wirken, da die Kommunikation heute viel einfacher ist. Wir können tatsächlich beobachten, dass es viele Personen gibt, die aus Mitgefühl heraus handeln, angetrieben von dem sog. "Geist des Dienens", und die mit Sicherheit immer und immer wieder zurückkommen werden, um den anderen fühlenden Wesen zu helfen. Diese Personen gehören Traditionen an, die sich in vielen Dingen unterscheiden, aber sie handeln in Wirklichkeit im Einklang miteinander. Viele sind in der Lage, um sich herum eine große Menge von Leuten zu scharen, die, wenn die Zeit gekommen ist, das Mitgefühl realisieren werden. Wir haben es hier sozusagen mit einem "Schneeballeffekt" zu tun, dem wir beiwohnen können.

Bei einer anderen Prophezeiung ist die Rede von einer Zeit, in der viele Krankheiten auftauchen werden. Wahrscheinlich stecken wir bereits mitten in dieser Zeit, da wir mit AIDS und verschiedenen anderen Krankheiten zu kämpfen haben, die möglicherweise auf Genmanipulationen zurückgehen. Bisher gab es Krankheiten, die nicht vom Tier auf den Menschen übertragbar waren und umgekehrt. Die Wissenschaftler müssten sich ernsthaft Gedanken über die Gefahren machen, denen sie die Menschheit aussetzen. Wenn sie menschliche Gene in Tierkörper einpflanzen, um transgene Organe für Transplantationen daraus zu gewinnen, kann es geschehen, dass die Wirtsviren des Tiers "lernen", auch in den menschlichen Wirten zu funktionieren.

Diese Prophezeiung Buddhas sagt auch eine Zeit großer Zerstörung durch die Naturgewalten und Elemente voraus: Wind, Wasser, Feuer, Erdbeben etc. In Wirklichkeit haben wir das Gleichgewicht der Erde so verändert, dass wir uns mit den Folgen, wie Umweltverschmutzung, saurer Regen, Überschwemmungen infolge unserer Eingriffe in die Umwelt, Klimaveränderungen infolge der Dinge, die wir in der Atmosphäre verbrennen, und immer ausgedehntere

Wüstenbildung durch unseren Umgang mit unseren Wäldern, auseinandersetzen müssen.

Zu den vielen Dingen, auf die wir uns einstellen müssen, gehören auch eine kürzere Lebenserwartung, viele Kämpfe sowie Probleme aller Art.

All das hat etwas mit dem zu tun, was wir im Moment tun, aber es handelt sich auch um ein sehr schweres kollektives Karma aus der Vergangenheit. Doch das Karma kann durch Mitgefühl und klares Licht aufgelöst werden.

Es versteht sich von selbst, dass in einer so schwierigen Zeit viele Bodhisattvas zur Verfügung stehen. Es gibt viele Menschen, die leiden, und denen die Bodhisattvas indirekt helfen können. Gleichzeitig führt dieses große Leiden dazu, dass wir eindringlicher nach einem Mittel suchen, um diesem Leiden zu entrinnen. Es gibt also auch viele, die die Bodhisattvas spontan um direkte Hilfe bitten.

Dank der Präsenz so vieler mitfühlender Wesen wird die Welt nicht völlig zerstört werden. Unserer Tradition zufolge wird zu einem späteren Zeitpunkt Maitreya auftauchen. Das ist der zukünftige Buddha, genau wie der Buddha Sakyamuni unser gegenwärtiger Buddha ist. Aber solange der Zyklus der Belehrungen des derzeitigen Buddhas nicht beendet ist, wird innerhalb der buddhistischen Tradition kein anderer Buddha auftauchen*.

In der heutigen Zeit gibt es viele gesellschaftliche und soziale Unruhen und Ausschreitungen, Kriege und Krankheiten. Aber all das müsste die Menschen eigentlich dazu anstacheln, einen Ausweg aus diesem Leiden zu suchen. Und ganz allmählich können wir anfangen, einen positiven Wandel zu erwarten. Wir sind keine Herausforderer des Weltuntergangs.

---

* Siehe auch "B... wie Bodhisattva".

Ein Teil dieses Themas wird in den Kapiteln "K... wie Karma" und "T... wie Tulkus" abgehandelt. Deshalb wollen wir hier nur versuchen, einen allgemeinen Überblick über dieses Thema zu geben.

Wir müssen uns alle reinkarnieren, weil die Reinkarnation eine Eigenschaft des Geistes ist. Aber je mehr wir die wahre Natur dieses Geistes erkennen, desto weniger sind wir von unseren Handlungen in der Vergangenheit, d.h. von unserem Karma, konditioniert, wenn wieder der Moment zur Reinkarnation kommt. Das geht immer so weiter, bis wir eine Stufe der inneren Entwicklung erreicht haben, die es uns zu entscheiden erlaubt, ob, wann und wo wir uns reinkarnieren wollen. Aber auf dieser Entwicklungsstufe werden wir bereits eine andere Qualität unserer wahren Natur erkannt haben: das Mitgefühl. Wir werden also in diesem Fall unsere Entscheidung nicht nach unserem persönlichen Interesse ausrichten, sondern nach dem, was das Nützlichste für das Wohl aller anderen Lebewesen ist. Jemand, der diese Stufe der Entwicklung erreicht hat, wird Bodhisattva genannt. Er ist eins mit allem, was lebt.

Diejenigen, die noch weit von dieser Entwicklungsstufe entfernt sind, haben noch viele Hindernisse zwischen dem, was sie begriffen haben, und der wahren Natur ihres Geistes zu überwinden, die in Wirklichkeit nichts anderes ist als die Buddhanatur und die Natur der Bodhisattvas. Wenn diesen Menschen also nicht geholfen wird, leben sie mit diesen dunklen Schleiern, sterben mit diesen Schleiern und reproduzieren dieselbe Situation auch in dem Zwischenzustand zwischen dem Tod und der darauffolgenden Wiedergeburt. Etwa vier Wochen nach dem Tod hat der Geist in der Regel jegliches Interesse für die Dinge des Lebens, das gerade zu Ende gegangen ist, verloren und beginnt sich in Richtung der nächsten Wiedergeburt neu zu orientieren.

Die oben angesprochene Hilfe wird dem Menschen immer angeboten, doch wenn der Mensch zu sehr in der Illusion gefangen ist, sieht er sie nicht oder erkennt sie nicht. Es ist, als habe er Zerrgläser vor den Augen.

Die Hilfe kann zu jedem Zeitpunkt geleistet werden, nach dem Tod oder kurz vor dem Tod, im Leben, aber auch in dem halluzinatorischen Zwischenzustand, der Bardo genannt wird, in dem der Geist existiert, ohne eine physische Gestalt zu haben. Wie auch im Kapitel "T... wie Tod und Sterben" beschrieben, ist er in diesem Zustand mindestens drei Wochen lang nach dem Tod kreativer denn je und eng verhaftet mit seinen früheren Gewohnheiten.

Eine der häufigsten Fragen, die von den Westlern über die Reinkarnation gestellt wird, lautet: Warum ist die Anzahl der Menschen und Tiere auf der Erde nicht konstant bzw. warum nimmt sie so rasch zu, wenn es sich doch immer wieder um dieselben handelt, die jedes Mal zurückkommen? Der Buddha hat auf diese Frage geantwortet, dass es noch viele andere Welten und Planeten gibt, wo man sich in anderer Gestalt reinkarnieren kann. Damit sind es in Wirklichkeit nicht immer dieselben individuellen Geister, die an denselben Ort zurückkommen.

Es ist zu beobachten, dass in der gegenwärtigen geschichtlichen Epoche ziemlich viele Lebewesen auf diesem Planeten konzentriert sind. Der Grund dafür ist astrologischen Berechnungen zufolge möglicherweise die gegenwärtige planetarische Energie, denn selbst die Planeten haben Zyklen.

Die aktuelle Zeit scheint eine Vielzahl von Gelegenheiten zur Evolution zu bieten, denn einerseits sind die Kommunikationsmittel viel besser als früher, so dass wir leicht die Lehren finden können, die wir brauchen, und andererseits gibt es großes Leiden[*], dass die Menschen langsam an den Rand des Erträglichen treibt, so dass sie zu viel bekommen und nach Möglichkeiten zu suchen beginnen, wie sie diesem

---

[*] Siehe auch "P... wie Prophezeiungen".

Leiden entrinnen können. Und das hängt wiederum eng
mit der Entwicklung aus uns selbst heraus zusammen.

Ein weitere häufig gestellte Frage von westlichen
Menschen ist folgende: Können wir als Tiere wieder-
boren werden, oder können Tiere als Menschen wiedergeboren werden? Aus buddhistischer Sicht hängt das
einzig und allein mit unseren karmischen Ergebnissen
zusammen. Es kann sein, dass wir es nötig haben, als
Tier wiedergeboren zu werden, um den Standpunkt der
Tiere besser zu begreifen oder um als Tier dem Reich
der Tiere zu helfen.

Von dort aus kann dieses Tier, das wir ein Leben
lang waren, als menschliches Wesen wiedergeboren
werden, weil wir diese Erfahrung nicht länger brauchen
oder sie nicht länger wollen. Wir sehen ein früheres
Leben, das im Tierreich verbracht wurde, nicht als
Misserfolg im Laufe unserer Entwicklung an, denn
diese Tatsache ist nicht vergleichbar mit einer Situation, wie beispielsweise in der Schule, wo wir sitzenge-
blieben sind. Alles hängt mit unseren karmischen
Verbindungen zusammen, die uns zu dieser Erfahrung
hingeführt haben. Es gibt Tiere, die ein besseres Leben
als die Menschen haben. Heutzutage empfinden die
westlichen Menschen eine große Neugierde in Bezug
auf ihre früheren Leben und die Orte, an denen sie
sich abgespielt haben. Es kann sein, dass eine
Rückführung nützlich sein kann, um an die Reinkar-

nation zu glauben, oder aber aus therapeutischer Sicht nützlich sein kann, aber aus buddhistischer Sicht ist es jedenfalls nicht notwendig, in unseren früheren Leben herumzuwühlen. Buddha hat gesagt: "Wenn du wissen möchtest, was du warst, reicht es aus, dir das anzusehen, was du jetzt bist". Das bedeutet nichts anderes, als dass das, was wir heute sind, das Ergebnis unserer früheren Handlungen ist. Aber Buddha hat auch gesagt: "Wenn du wissen möchtest, was du in deinem nächsten Leben sein wirst, reicht es aus, dir das anzusehen, was du jetzt tust". Dadurch wird der Wert der Gegenwart und der Zukunft hervorgehoben, denn die Vergangenheit bleibt Vergangenheit.

Unser Geist ist zum gegenwärtigen Zeitpunkt mit einer Erfahrung in der Gegenwart beschäftigt, deren Ergebnisse in der Zukunft in Form einer Reinkarnation zum Ausdruck kommen werden. Deshalb können wir dieses Leben als eine Gelegenheit ansehen, um mit Hilfe der Unterweisungen Klarheit in die Verwirrung (wie Anhaftungen, Bindungen etc.) zu bringen. Dieses Leben ist schon verwirrt genug. Weshalb sollten wir also noch weitere Verwirrungen hinzufügen, indem wir versuchen, nähere Einzelheiten über unsere früheren Leben herauszufinden? Es könnte passieren, dass uns Hals über Kopf alle möglichen Erinnerungen hochkommen, während niemand da ist, um uns zu helfen, sie zu verstehen.

Unsere wahre persönliche Macht zur Veränderung eines schweren Karmas aus der Vergangenheit besteht nicht in der Rückkehr in unsere Erinnerungen an diese Vergangenheit, sondern in unserer Fähigkeit, hier und heute ein gutes Karma zu erzeugen, das in der Lage ist, alle Arten von negativen Handlungen, die wir in vergangenen Leben angehäuft haben, zu kompensieren.

Von einem absoluten Standpunkt aus gesehen, ist die Reinkarnation Teil der Schöpfungskraft des Geistes. Das heißt also, sie existiert nicht – außer als Manifestation des Geistes.

Alle, die ihre wahre Natur erkannt haben, sind dieser Manifestation nicht mehr unterworfen, denn der Geist Buddhas befindet sich jenseits der Reinkarnation selbst. Aber sobald sie den Geist Buddhas erkannt haben, der vollkommen weise und mitfühlend ist, nehmen sie – gedrängt durch das Mitgefühl für all diejenigen, die noch nicht erleuchtet sind – wieder einen Körper an.

S... wie Schals und Kniefall

Zu den Dingen, die die Tibeter gewohnheitsmäßig tun und welche die Menschen in der westlichen Welt verblüffen, gehört ihr Verhalten gegenüber einem Lama.

Oft bieten wir ihm einen weißen Schal an, den er uns umgehend zurückgibt. Wir verbeugen uns vor ihm oder machen einen Kniefall vor ihm.

Die Tradition des weißen Schals ist sehr alt und stammt ursprünglich aus China. Natürlich hat das einen symbolischen Wert, denn an und für sich handelt es sich nur um ein kleines Stückchen billigen Stoff, wie etwa Baumwolle. Es gibt die Schals auch aus Seide, aber das ist nicht wirklich wichtig. Die weiße Farbe des Schals, der Stoff (Baumwolle oder Seide) und die Tatsache, dass er aus einem einzigen Stück gewebt ist, deuten auf etwas Reines, Einfaches und Einzigartiges hin. Das Einzigartige oder das Einssein bezieht sich auf die Gesamtheit, die vollkommene Einheit, aber auch auf jedes Ding. Ein aus einem einzigen Stück gewebter Stoff deutet auch auf Unveränderlichkeit hin, etwas, das keine

Veränderung erfahren hat und noch so rein wie am
Anfang ist.

Auf gewisse Weise bieten wir damit unsere wahre
Natur an und wollen damit sagen, das unser Geist eins
ist mit dem des Lamas, und dass beide eins sind mit
dem Geist Buddhas und aller anderen fühlenden Wesen.
Das bedeutet aber auch, dass unsere Motivation beim
Empfangen der Lehren, Initiationen oder dem Segen des
Lamas wirklich rein ist.

Die Tatsache, dass der Lama den Schal sofort
zurückgibt, geht auf neuere Zeiten zurück. Wahrscheinlich behielt er ihn in der Vergangenheit und gab
ihn oder einen anderen Gegenstand beim Verbreiten
der Lehren wieder zurück. Aber letzten Endes war dieses ganze Schenken und Zurückgeben von anderen
Geschenken nichts weiter als ein Rundumgeben von
Schals. Da es jedoch die Geste ist, die zählt, und nicht
der Schal an sich, gibt der Lama den Schal heute direkt
zurück, was jedoch nicht heißt, dass er ihm womöglich
nicht gefällt. Für gewöhnlich trägt er ihn kurz, was
bedeutet, dass Ihr Geschenk willkommen ist und auf
diese Weise der Schenkende und der Empfangende eins
sind. Das Zurückgeben ist gleichzeitig ein Symbol des
Abstands und eine Form des Segens.

Außerdem verbeugt man sich vor einem Lama.
Das ist ein Zeichen des Respekts und nicht der
Unterwürfigkeit, denn in unserem Glauben haben

alle Wesen die gleiche Grundnatur. Wir glauben also
nicht, dass manche, absolut gesehen, besser sind als
andere.

Ein Kniefall hingegen hat verschiedene symbolische Bedeutungen. Zunächst deutet er darauf hin,
dass Ihre Motivation, die Unterweisungen zu empfangen, rein ist. Er bedeutet: "Ich empfange die
Belehrungen nicht nur für mich, sondern zum Wohle
aller Wesen." In Wirklichkeit ist es folgendermaßen:
Je mehr Unterweisungen man erhält, umso mehr
neigt man dazu, bei der Entwicklung des Mitgefühls
erfolgreich zu sein.

Zweitens zeigt der Kniefall, dass Sie die Qualität
der Unterweisungen, die Sie erhalten werden, respektieren, weil es sich dabei um die Lehren Buddhas
handelt. Und zuletzt verneigen Sie sich mit dem
Kniefall vor der Buddhanatur des Lamas. Alle Wesen
besitzen diese Buddhanatur, und sich zu verbeugen
oder einen Kniefall zu machen, bedeutet, dass Sie
sich daran erinnern, dass auch der Meister diese
Buddhanatur hat und Sie seine Anstrengungen anerkennen, die er macht, um dasselbe in Ihnen zu erkennen. Einen Kniefall machen heißt, dass Sie das
vom Meister angehäufte Wissen sowie seine persönliche Suche und die Tatsache, dass er mitfühlend
genug ist, um seine Erkenntnis spontan mit Ihnen zu
teilen, anerkennen.

Auch wenn er seine wahre Buddhanatur noch nicht verwirklicht hat, erkennen Sie an, dass er Ihnen zumindest den Weg zur Wahrheit gezeigt hat.

Auf jeden Fall ist der Kniefall nie ein Muss: entweder er kommt spontan, oder er kommt gar nicht.

S... wie Schätze (versteckte)

Zu den Übungen und Lehren des Tantras gehören auch viele Termas. Termas sind Unterweisungen, die ein großer Bodhisattva erhalten hat, oder aber Gegenstände, die er in einem seiner früheren Leben besessen hat und damals beschloss zu verstecken, um sie in einem späteren Leben neu manifestieren zu können.

Aber warum musste er dazu diese Termas oder Schätze verstecken? Es kann beispielsweise vorkommen, dass eine Belehrung für das Niveau der Personen, die sie erhalten könnten, zu fortgeschritten ist. Deshalb wird sie für später in Reserve gehalten. Oder aber manche besondere Gegenstände könnten in einer bestimmten Geschichtsperiode gestohlen oder auf unangebrachte Weise verwendet werden. Deshalb werden sie im Verborgenen aufbewahrt, bis sie mit Weisheit benutzt werden können.

Die Art und Weise, wie die Termas schließlich ans Licht kommen, kann von Fall zu Fall ganz unterschiedlich sein. Es kann sein, dass jemand beim Meditieren eine Vision hat, in der er sieht, wo ein Gegenstand oder ein Buch, das eine bestimmte Übung enthält, beispielsweise eher in der Nähe eines Flusses als in einer Höhle in den Bergen versteckt ist. Die Person macht sich dann also zu diesem Ort auf und findet den Gegenstand. Oder anderen wird eine ganze Belehrung direkt in Form einer Vision übertragen.

Diese Tertöns (so werden die Entdecker der Termas genannt) haben in der Regel ein besonderes Aussehen, und man könnte sogar manchmal meinen, sie seien ein bisschen verrückt. Es gibt Tertöns verschiedener Bewusstseinsstufen, die verschiedene Rollen haben, aber fast alle sind wirklich ganz besondere Wesen. Sie können Genies sein oder Künstler, da ihr individueller Geist eine größere Öffnung aufweisen muss als bei normalen Menschen, damit sie bestimmte Inspirationen empfangen können, die eine normale Person nicht aufnehmen könnte.

Sie sind auch hoch verwirklichte Meister, da sie im Stande sind, uns ganz wunderbare Lehren aufzudecken und beizubringen, die andernfalls verloren gegangen wären.

Es wird angenommen, dass die Tertöns diese Anregungen von bestimmten großen Wesen wie dem Padmasambhava oder direkt von ihrer tiefen Natur erhalten, denn es handelt sich häufig um dieselben Bodhisattvas, die diese Termas im Laufe eines früheren Lebens versteckt haben.

Als Padmasambhava in Tibet weilte, versteckte er wirklich viele Termas und befahl sie dem Schutz von lokalen Schutzgeistern* an, die als Wächter dienten, bis die richtige Person sich im richtigen Moment auf ihrer Suche nach dem Terma genau an diesen Ort begab. Dann erlaubte der Schutzgeist ihr, den Ort zu finden, an dem das Terma versteckt war.

---

* Siehe auch "D... wie Devas".

S... wie Sex

Wenn Westler machmal bestimmte Bilder des tibetischen Buddhismus anschauen, scheinen sie überrascht zu sein, weil darauf manchmal Gottheiten oder Bodhisattvas in Stellungen dargestellt werden, die so aussehen, als handle es sich dabei um die körperliche Vereinigung mit ihren Partnern.

In Wirklichkeit handelt es sich zwar um eine Vereinigung, aber nicht um eine körperliche.

Wie Sie auch unter "G... wie Gott" nachlesen können, handelt es sich um nichts anderes als um die Qualitäten unseres Geistes, die Qualitäten unserer wahren Natur. Bilder und Visualisierungen sind geschickte Mittel, um sich auf sie zu konzentrieren und sie sich ins Gedächtnis zu rufen, damit sie sich über uns manifestieren können.

Wenn wir sie in der Vereinigung darstellen, dann heißt das, dass wir die Tatsache unterstreichen, dass jede Qualität unserer wahren Natur - genauso wie alle Chakren unseres feinstofflichen Körpers - sich in Form von zwei Polaritäten manifestieren: dem männlichen und dem weiblichen Pol.

Der männliche Pol steht für das Positive, Gebende. Er ist die mitfühlende Qualität des wahren Geistes. Der weibliche Pol steht für das Negative, Empfangende. Er ist der Weisheitsaspekt des wahren Geistes.

Bei jeder Manifestation des Geistes müssten eigentlich diese beiden Aspekte völlig ausgeglichen sein, genau wie es eigentlich die Chakren durch ihre Fähigkeit, Energie zu empfangen und auszusenden, sein müssten, damit sie garantieren können, dass wir bei guter Gesundheit bleiben.

Es ist wirklich wichtig, dass diese beiden Aspekte immer ausgewogen und vereint sind. Denn die Weisheit alleine ist in Wirklichkeit nutzlos, da sie ohne Mitgefühl nicht mit anderen geteilt werden kann. Und das Mitgefühl allein ist ebenso nutzlos, denn ohne die Weisheit ist es nur der reine Wunsch zu helfen, ohne dass wirkliche Hilfe geleistet wird.

Das Ganze funktioniert genauso wie bei der Elektrizität: Damit der Motor läuft, müssen der positive und der negative Pol vereint sein. Der eine funktioniert ohne den anderen nicht.

All das steht außerdem in Zusammenhang mit unseren beiden Gehirnhälften. Mit der einen Gehirnhälfte können wir die richtige Inspiration empfangen und sie mit der anderen umsetzen. Denn wenn Sie handeln, ohne inspiriert zu sein, ist Ihre Handlung eine blinde Aktion. Wenn Sie hingegen eine gute Inspiration empfangen, aber dann nicht danach handeln, wird diese Inspiration keine Früchte tragen.

Da jede Gottheit oder jedes Götterpaar den hundert größeren oder kleineren Chakren unseres Körpers entspricht, erinnern wir uns, wenn wir ein bestimmtes Götterpaar visualisieren oder darüber meditieren, an die entsprechende innere Qualität und bewirken damit gleichzeitig einen Ausgleich des damit verbundenen Chakras.

Diese Darstellungen haben also im Großen und Ganzen nichts mit Sex zu tun.

Das heißt jedoch nicht, dass Sex für die Buddhisten etwas "Negatives" wäre. Die Tatsache, dass ein Mönch sich zum Zölibat bekennt, beruht auf seinem Willen, sich mit keinen Situationen auseinanderzusetzen, die in ihm leicht Wünsche, Anhaftungen und Erwartungen hervorrufen könnten. In gewissem Sinne ziehen die Mönche es vor, die Wurzeln des Ganzen herauszureißen.

Aber natürlich kann auch eine Person, die ein normales Sexualleben vorzieht und das Zölibat für unerträglich hält, dieselbe Stufe der spirituellen Verwirklichung erreichen wie ein Mönch. Beide können den Lebensstil wählen, der ihnen für sich am geeignetsten erscheint, denn Buddha hat eine Lehre für jeden spezifischen Fall hinterlassen.

Wenn für Sie Sex sehr wichtig ist, wird Ihnen in den Tantras beigebracht, wie Sie sich Ihrer sexuellen Aktivität bedienen können, um Ihr Wissen und Ihr Mitgefühl zu steigern. Das ist keine leichte Methode, weil dabei davon ausgegangen wird, dass Sie Sexualität praktizieren, ohne dabei Anhaftungen oder Erwartungen zu entwickeln. Keine Anhaftungen zu haben ist nicht dasselbe, wie seinen Partner oder seine Partnerin nicht zu lieben. Es bedeutet ihn oder sie zu lieben ohne eine konditionierende Erwartung, ohne jegliche Besitzvorstellung.

Ihr individueller Geist wird sich Schritt um Schritt öffnen, bis Sie Ihre wahre Natur finden werden. Zu Beginn lernen Sie, Ihre physische Ejakulation zu kontrollieren. Später lernen Sie dann auch noch Ihre Emotionen zu kontrollieren, indem Sie bewusst bleiben und sich anschauen, wie die Emotionen hochkommen und wie sie funktionieren. Jeder der beiden Partner wird versuchen, über seine eigene Persönlichkeit, sein eigenes Lustempfinden etc. hinauszugehen, bis jeder von beiden eins wird mit dem Prinzip oder der Qualität, die er verkörpert. Das kann Weisheit (ohne Schleier) sein oder Mitgefühl (unkonditionierte Liebe).

Wenn das Paar der Praktizierenden diese Stufe erreicht hat, bedient es sich des Sexes nicht mehr zur eigenen Lustbefriedigung, sondern verkörpert wirklich diese beiden Qualitäten der wahren Natur aller

Lebewesen. Sie bringen diese Qualitäten damit zum Wohle aller fühlenden Wesen bewusst auf die physische Ebene.

Auch hier ist das Ziel, die wahre Natur des Geistes zu erkennen. Da die Qualität dieser Natur Weisheit und Mitgefühl ist, wird das, was Sie realisieren, zum Nutzen alles Lebenden sein.

Aus buddhistischer Sicht ist damit Sex nicht gezwungenermaßen nur zum Kindermachen bestimmt. Wichtig ist dabei aber, dass wir uns nicht von unseren sexuellen Impulsen steuern lassen sollten, genausowenig wie von unseren Emotionen. Nur so kann unser Bewusstsein immer größer werden.

T... wie Tibet: Die Flucht

Mein Vater war auch ein "Reinkarnierter"*, aber er gehorchte seinem Vater, der für ihn eine politische Laufbahn und kein Klosterleben ausgesucht hatte. Kurz vor meiner Geburt rief mein Vater die ganze Familie und alle Freunde zusammen und sagte ihnen, dass sich die Tibeter, wenn sie sich nicht ändern würden, nie von ihren Gewohnheiten der Vergangenheit befreien und ihr Land verlieren würden. Aber es gelang ihm nicht, die Reformen, die er einführen wollte, zu konkretisieren, und er beschloss deshalb, nicht länger zu leben (er ging mit siebenunddreißig Jahren von uns). Bevor er starb, gab er der Familie seine Anweisungen. Wir sollten nicht im Kham (östlicher Teil von Tibet) bleiben, sondern in eine andere Gegend umziehen. Die Familie konnte seinem Willen nicht sofort Folge leisten, beschloss aber, dass sie später seinem Rat folgen würde.

Als ich sieben Jahre alt war, begaben sich der Dalai-Lama und mein Onkel, der Karmapa, nach

---

* Siehe auch "T... wie Tulkus", um die genaue Bedeutung dieses Ausdrucks besser verstehen zu können.

China, wahrscheinlich um über die Autonomie von Tibet zu diskutieren. Als sie zurückkamen beschloss unsere Familie offiziell, meinen Bruder Shamarpa und mich in das Kloster von Karmapa in Tsurphu zu schicken, weil befürchtet wurde, dass im Kham bald Unruhen ausbrechen würden. Die Chinesen befanden sich bereits in Tibet (sie hatten sich dort schon zehn Jahre vor ihrer definitiven Invasion von 1959 festgesetzt), und da die Rückreise des Karmapa eine offizielle Reise war, war es nicht möglich, uns ihm direkt anzuschließen. Tatsächlich wollten die Chinesen nicht, dass unsere Familie irgendwo anders hinging, und sie überwachten uns daher streng.

Als also für meinen Bruder und mich der Zeitpunkt gekommen war, uns nach Tsurphu aufzumachen, verheimlichte unsere Mutter unseren wahren Bestimmungsort und erzählte stattdessen, dass wir ein Picknick auf dem Lande machen wollten. Sie organisierte den Ausflug so, dass uns vier Erwachsene begleiteten, während sie zu Hause blieb, um bei den Chinesen kein Misstrauen zu erregen. Sie würde uns später nachreisen.

Da der Ort für das "Picknick" sehr weit von zu Hause weg und an einem Fluss gelegen war, hatte sie alles so eingerichtet, dass uns dort ein Boot erwarten würde. Wir wussten zwar, dass wir irgendwann nach Tsurphu geschickt werden würden, aber wir wussten nicht, wann das der Fall sein würde. Wir haben damals wirklich geglaubt, es handle sich nur um ein Picknick! So benutzten wir also das Boot, um den Fluss zu überqueren. Auf der anderen Seite angekommen hatte unsere Mutter dafür gesorgt, dass dort Pferde für uns bereitstanden, um unsere Reise fortsetzen zu können. Die nächstgrößere Straße, die von den Chinesen gebaut worden war, war zwei bis drei Tagesritte entfernt.

Dort befand sich dann eine Art offizielles Lager mit einem Kontrollpunkt. Die tibetische und die chinesische Sprache sind zwei sehr verschiedene Sprachen, und die Kommunikation war daher sehr schwierig, aber wir mussten angeben, wo wir herkamen und wohin wir wollten. Nach drei Tagesritten bestand unsere Gruppe noch aus einer Frau, zwei Männern und zwei Kindern (einer der Männer war mit den Pferden zurückgeritten). Wir sahen wie eine Gruppe von Pilgern aus und erklärten deshalb, wir seien auf unserem Weg nach Lhasa. Und da die Chinesen jeden Schritt der Tibeter überwachen wollten, mussten sie uns eine Mitfahrgelegenheit auf einem chinesischen Armeelaster geben. Das war damals das einzige Transportmittel. Viele Tibeter kamen und gingen nach Lhasa, immer auf chinesischen Armeelastern. Das war eine Reise, die normalerweise zwei Tage dauerte, aber in unserem Falle – aufgrund der vielen Straßensperren – eine ganze Woche.

Auf dieser Reise mussten wir mehrmals den Lastwagen wechseln, und an jedem Kontrollposten wollten sie noch einmal alles überprüfen, so dass wir jedes Mal alle Erklärungen noch einmal abgeben mussten. Aber wir hatten keine Angst. Wir hatten nur ein bisschen Heimweh, weil wir so weit von zu Hause weg waren.

In Wirklichkeit fingen wir an, den Ratschlägen unseres Vaters Folge zu leisten, denn damals war eine Reise von Kham nach Tibet wirklich noch ein Ereignis: Es bedeutete wirklich, an einen ganz anderen Ort zu gehen. Für die Leute vom Land war der Kham der Kham – und der Rest von Tibet war Tibet!

Tsurphu liegt nur vierzig Kilometer von Lhasa entfernt. So kam ich also dort ins Kloster, obwohl mein Vater entschieden hatte, dass ich kein Mönch werden sollte, weil er mich gebeten hatte, auf unsere Familie aufzupassen! In Tsurphu lebte schon ein Teil unserer Familie: einer meiner Onkel und eine meiner Tanten, beide Geschwister des Karmapa.

Wir kamen also im Sommer in Tsurphu an, und im Winter darauf nahmen wir zusammen mit dem Dalai-Lama, dem Panchen Lama* und dem Karmapa an einer offiziellen Wallfahrt nach Indien teil. Während

---

* Der Panchen Lama ist eine wichtige "Reinkarnation", die sich immer gleichzeitig mit dem Dalai-Lama und dem Karmapa etc. manifestiert. Sie arbeiten zum Wohle aller Lebewesen zusammen.

dieser Pilgerreise besuchten wir alle heiligen Orte des Buddhismus in Indien, denn das war ein besonderes Jahr für das Dharma.

Einige Monate später kehrten wir nach Tsurphu zurück und blieben dort bis 1959, bis wir von Tibet weggingen. Da wir Kinder waren, machte uns die Idee des Weggehens glücklich. Wir dachten, es handle sich nur um eine Reise, und wir würden, wie bei den Reisen zuvor, später zurückkehren. Die Chinesen befanden sich damals bereits in unserem Land, aber Lhasa war noch die Hauptstadt von Tibet. Wir brachen, glaube ich, ein Woche vor der chinesischen Invasion auf.

Zwei oder drei Tage vor der Abreise sagte man uns, wir sollten unser Gepäck packen und bereithalten. Das war total aufregend! Auch die anderen Klosterbewohner wussten nicht genau, an welchem Tag die Abreise stattfinden würde. Wir wussten nur, dass wir uns bereithalten sollten.

Als man uns sagte, dass jetzt der Moment gekommen sei, war es drei oder vier Uhr morgens. Alles wurde auf Pferde aufgeladen.

Die Leute vor Ort, die Bauern, hatten gleichzeitig mit den Klosterbewohnern das Zeichen zum Aufbruch bekommen, aber sie waren so an die Unterdrückung durch die Chinesen gewohnt, dass sie nicht dachten, dass es sich dieses Mal um etwas wirklich Ernstes handeln würde. Sie glaubten, es handle sich um eine momentane Schwierigkeit mit China, und alles würde spätestens nach ein paar Monaten oder maximal innerhalb eines Jahres wieder ins Lot kommen. Tatsächlich hatten die Tibeter unter dem 13. Dalai-Lama bereits eine Weile ihr Land verlassen müssen, aber alles hatte sich später wieder eingerenkt. Der Großteil der Menschen, die Tibet verließen, tat es dieses Mal erst nach der Zerstörung Lhasas.

Wir brachen also vor dem Morgengrauen auf. Wir waren eine Gruppe von etwas mehr als hundert Personen und mussten uns sehr rasch fortbewegen, um vom Tageslicht zu profitieren, damit wir unseren Weg sahen. Kurz vor Sonnenuntergang kamen wir in ein verlassenes Tal, wo wir unsere Zelte für die Nacht aufschlugen. Wir waren zehn Personen pro Zelt, und für jedes Zelt war ein Mann zuständig, der die nützlichen Ratschläge für den nächsten Tag mitgeteilt bekam. In der Nacht wurde diskutiert, was zu tun sei und wie man sich am nächsten Tag fortzubewegen hatte. Überall waren chinesische Soldaten, und wir mussten den Fluss Sangpo überqueren, bevor sie die ganzen Verkehrswege der Gegend blockierten. Zwei Tage nach unserem Aufbruch aus Tsurphu kamen wir gegen Mittag an der Furt am Fluss an. Dort waren bereits viele Tibeter zusammengekommen, um uns zu helfen, diese wichtige Grenze überschreiten zu können. Sie hatten sich wie überall im Kham und im Rest von Tibet militärisch organisiert. Die Leute organisierten sich selbst.

Der Sangpo war ein sehr großer Fluss und extrem gefährlich, da es dort nirgends eine Brücke gab. Wir mussten also tibetische Boote benutzen, die in der Regel zwei Meter lang, einen Meter breit und aus Yakhaut gefertigt sind. Die Konstruktionsweise dieser Boote ist ziemlich stabil, und sie sind ganz mit Leder überzogen. Wir waren zwischen zehn und zwölf Personen pro Boot.

Die gesamte Reise von Tsurphu nach Bhutan, unserem ersten Ziel, dauerte zwanzig Tage. Da der Monsun kurz vor dem Ausbruch war, teilten wir uns in zwei Gruppen auf. Der Karmapa machte sich zusammen mit den stärksten Männern in den Sikkim auf. Die anderen mussten fünf Monate in Bhutan warten. Die Stärksten nahmen also eine extrem gefährliche Abkürzung durch die Wälder des Sikkim, um noch vor dem Monsun dort anzukommen. Sie fingen dann an, Häuser und das Kloster in Rumtek zu bauen, denn damals gab es dort noch gar nichts.

Die Hälfte unserer Gruppe harrte hingegen in Bhutan aus, wo sich uns noch viele andere Tibeter anschlossen, die ebenfalls geflüchtet waren. Wir warteten das Ende der Regenzeit ab, um eine andere Route nehmen zu können, die zwar länger, aber weniger gefährlich, jedoch während der Monsunzeit unpassierbar war.

T... wie Tiere

Nach den Lehren Buddhas leben die fühlenden Wesen in sechs Welten – und eine davon ist das Reich der Tiere.

Das Wesen ihres Bewusstseins ist nicht anders als unseres, denn es ist ebenfalls in der Buddhanatur verwurzelt. Der einzige Unterschied besteht in ihrer Sicht der Welt – und damit natürlich auch in ihren Reaktionen. Das wiederum bedeutet, dass es keinen äußerlichen Unterschied zwischen dem Bewusstsein eines Tiers und dem eines Menschen gibt.

In Wirklichkeit wird jedoch sowohl das eine wie das andere von Emotionen und Unwissenheit verschleiert, durch die sie daran gehindert werden, ihre natürliche Weisheit zu manifestieren. Wobei anzumerken ist, dass die Begierde und das Anhaften eher für die Menschen kennzeichnend sind, während bei den Tieren das größte Hindernis ihre Unwissenheit ist.

Der Buddha bezieht immer alle fühlenden Wesen mit ein und zählt zu diesen auch die Tiere. Er hat uns gelehrt, dass wir die Befreiung nicht nur für uns, sondern für alle fühlenden Wesen anstreben sollen.

Aufgrund seines Karmas aus früheren Leben hat der Mensch eine Weltsicht entwickelt, die es ihm erlaubt, sein eigenes Karma weitaus besser zu steuern, als Tiere dazu in der Lage sind. Deshalb sind wir auch aus karmischer Sicht für die Tiere verantwortlich.

Den Lehren Buddhas zufolge sind vier Bedingungen nötig, um unsere wahre Natur zu verwirklichen:

1. die Buddhanatur selbst, die allen Wesen eigen ist, sofern sie überall ist, wo es Bewusstsein gibt;

2. dieser wertvolle Körper, der es uns erlaubt, die wahre Natur des Geistes leichter zu verwirklichen und auch bewusst nach den Lehren zu suchen, die wir brauchen, um einen direkten Einfluss auf unser Karma ausüben zu können;

3. genauso brauchen wir aber auch die Hilfe von anderen, insbesondere die eines Lehrers oder eines spirituellen Freundes;

4. und zuletzt brauchen wir auch noch angemessene Unterweisungen, denn auch wenn wir einen spirituellen Meister haben, kann es vorkommen, dass dieser nicht im Stande ist, mit uns zu kommunizieren. In diesem Fall ist er uns keine Hilfe.

Theoretisch sind die Tiere damit also nicht in der Lage, die Wahrheit zu realisieren, aber zum Glück gibt es ja Lebewesen, die mit Tieren kommunizieren und ihnen die richtigen Anweisungen übermitteln können, die es ihnen ermöglichen, aus der Illusion des Samsara (Scheinwelt der Wiedergeburt) auszubrechen. Buddha selbst manifestierte sich in ihrem Reich, um ihnen Unterweisungen zu geben. Dasselbe gilt für viele Bodhisattvas, wie etwa den heiligen Franz von Assisi in der christlichen Tradition.

Aber auch ohne ein Bodhisattva zu sein, können wir Tieren leicht helfen, einen Fortschritt in Richtung des Erkennens der Wahrheit zu machen.

Sowohl unser Karma als auch das ihrige beruht auf Aktionen und Reaktionen: Wir entwickeln eine Anziehung, ein Anhaften an etwas, das uns gefällt. Andererseits entwickeln wir in Bezug auf etwas, das uns nicht gefällt, eine Aversion. Wenn wir etwas nicht wissen wollen, entwickeln wir Unwissenheit. Dank dieses Wechselspiels aus Aktionen und Reaktionen können wir die Intelligenz der Tiere erwecken, und durch den Umgang mit ihnen auf psychischer Ebenen können wir bewirken, dass unsere Sicht der Dinge positiver und ruhiger wird. Wir können offener werden. Und das ermutigt wahrscheinlich auch unseren Hund, es uns gleichzutun.

Es gibt aber nicht nur die Kommunikation über Sprache. Ich erinnere mich, dass der 16. Karmapa eine Dogge besaß, aber er konnte sie nicht mit nach Sikkim (indische Provinz im Himalaya) mitnehmen. Außerdem musste er den Hund wegen eines schweren Ekzems in Frankreich zurücklassen. Wer weiß, welchen Segen der Hund von dem Karmapa mit auf den Weg bekommen hat, bevor sie sich trennten, denn er blieb den ganzen Tag im Gras sitzen, wie der berühmte Lama Phurtsela. Phurtsela hatte tatsächlich die Angewohnheit, auf diese Weise, im Gras sitzend, zu meditieren – und vielleicht machte der Hund es ihm nach... Oder vielleicht war er auch nur ein bisschen traurig...

Aber um auf die non-verbale Kommunikation zurückzukommen: Dieser Hund war allergisch gegen ein bestimmtes Kraut und wurde das Ekzem deshalb nicht los. Auch die Spritze, die ihm der Tierarzt beim ersten Besuch verpasst hatte, hatte ihm überhaupt nicht gefallen. Sobald bei den darauffolgenden Besuchen auch nur eine Person dachte: "Diesen Hund muss man zum Tierarzt bringen", war die Dogge schon verschwunden und hielt sich solange versteckt, bis sie dachte, dass die Sache nun in Vergessenheit geraten war. Ich musste mich praktisch auf eine Art Nicht-Gedanken konzentrieren, um den Hund schließlich einfangen und zum Tierarzt bringen zu können, ohne an das zu denken, was ich gerade dabei war zu tun!

Wenn es keine wortlose Kommunikation mit diesem Tier gegeben hätte, hätte sich dieser Hund mit Sicherheit nicht jedes Mal, wenn ich nur "Tierarzt" dachte, durch Weglaufen retten können!

Eines Tages hatte man mir eine junge Schäferhündin angeboten. Sie war sehr aggressiv und hatte mir gegenüber eine derartige Anhänglichkeit entwickelt, dass sie jedesmal furchtbar litt, wenn ich auf eine Reise gehen musste. Ich fing also zu meditieren an und ließ dabei die Hündin neben mir sitzen. Und ganz langsam fing sie an, sich zu entspannen und mit Gleichmut meine Gegenwart und meine Abwesenheit zu akzeptieren – und ein glückliches, liebenswertes Tier zu werden. Sie hatte begriffen, was ich ihr mitteilen wollte. Und dazu war kein einziges Wort notwendig gewesen.

In Wirklichkeit gibt es noch eine andere Methode, um mit Tieren zu kommunizieren: die direkte Intuition. Die Tiere können die Qualität Ihrer Wahrnehmung auf diese Weise direkt "schmecken". Häufig leben indische Yogis ganz zurückgezogen und freunden sich dabei mit den wilden, gefährlichen Tieren des Waldes an. Die Nachbarschaft der Yogis hat auf diese Tiere eine besänftigende Wirkung, die in keinster Weise irgendwie abgerichtet werden. Es sind die Tiere, die die Gesellschaft der Yogis suchen.

Auch der 16. Karmapa hatte diese Besonderheit, und die Tiere kamen spontan zu ihm, oder Menschen brachten sie zu ihm. In der Nähe von Rumtek in Sikkim, wo der Karmapa wohnte, gibt es einen großen Wald, der von unzähligen Tieren bevölkert ist. Es kam häufig vor, dass diese, bevor sie starben, zum Karmapa kamen, um sich von ihm dabei helfen zu lassen.

Wie Sie sicher wissen, praktizieren wir anderen Tibeter unser ganzes Leben lang eine besondere Übung, die uns helfen soll, im Moment unseres Übergangs vom Leben in den Tod bewusst zu bleiben, weil wir glauben, dass es im Moment unseres Todes am einfachsten ist, uns von der Illusion des Samsara (der konditionierten Welt) zu befreien. Sobald sich der Geist vom Körper befreit hat, spürt er, dass er weniger konditioniert ist und kann deshalb seiner eigenen Natur schneller gewahr werden.

Wer sein ganzes Leben lang ausgiebig geübt hat, kann nach dem Aussetzen aller Körperfunktionen mehrere Tage lang mit einem ganz präsenten Geist, völlig bewusst aber nicht mehr konditioniert durch die Sinne, im Lotussitz verharren, ohne in Leichenstarre zu verfallen, obwohl er bereits klinisch tot ist.

Das bedeutet, das der Geist nicht im Bardo* gefangen bleibt, diesem halluzinatorischen Zwischenzustand zwischen Tod und Wiedergeburt. Tatsächlich kommt es im Moment des Überschreitens der Schwelle zu einer Art Black-out des Geistes, aus dem er anschließend im Bardo erwacht. In diesem Zustand hängen die Halluzinationen vom vergangenen Karma, von den Gewohnheiten, die wir im Laufe unseres Lebens kultiviert haben. Die Qualität unserer Wiedergeburt hängt von dem Bewusstseinsgrad ab, den wir angesichts dieser Halluzinationen beibehalten können. Wenn es uns gelingt, den Black-out des Geistes zu vermeiden, können wir diese Halluzinationen als das erkennen, was sie sind, nämlich ein Produkt des Geistes selbst, und wir werden uns in diesem Fall im Tod dieser Befreiung von der Illusion bewusst, was uns während des Lebens nicht gelungen ist.

Der Meditationszustand während und nach dem Tod wird Samadhi genannt und bedeutet, dass wir von einem Leben ins nächste positiv übergehen können, ohne den Zustand des Bardo durchlaufen zu müssen. Im Bardo-Zustand vergeht einige Zeit, bevor wir begreifen, dass wir tot sind. Wir empfinden nur das Gefühl eines großen Verlusts, das Unruhe auslöst und

---

* Das Bardo ist ein halluzinatorischer Zustand, in dem sich der Geist etwa neunundvierzig Tag lang nach dem physischen Tod und vor der nächsten Wiedergeburt befindet. Eine der wichtigsten Übungen von uns Tibetern besteht darin, während des Lebens die Fähigkeit zu erlangen, uns bewusst zu werden, dass unsere Träume beim Schlafen nur Träume sind, so dass wir, wenn wir in den Zwischenzustand des Bardo eintreten, unser Bewusstsein nicht verlieren und auch nichts von dem, was wir in diesem Leben erkannt haben. Mehr Informationen hierzu finden sich auch in den Kapiteln "T... wie Tod und Sterben" und "F... wie Fähigkeiten", wo wir über das Traumyoga reden, obwohl hier eher über eine Meditationsform gesprochen wird als über tatsächliches Traumyoga.

uns eine gewisse Zeit lang auf der Suche nach dem, was uns fehlt, im Kreis bewegen lässt. Dann verändert sich dieses Gefühl ganz langsam, und wir bewegen uns auf eine neue Inkarnation zu, die unserem Bewusstsein entspricht. Da der Geist vom Körper befreit und daher weniger konditioniert und klarer ist, kann er relativ leicht eine non-verbale Botschaft empfangen. Deshalb bemühen sich die Lamas immer, so schnell wie möglich nach dem Tod eines Menschen mit dem Geist des Verstorbenen Kontakt aufzunehmen, um sein Bewusstsein zu erhöhen und ihn schnell aus dem Bardo herausführen zu können.

Wahrscheinlich ist der Weg, um dem Bardo zu entrinnen, für Tiere fast einfacher als für Menschen, weil sie zwar genauso wie die Menschen Gewohnheiten und Anhaftungen haben, die jedoch insgesamt gesehen weniger ausgeprägt sind. Sie müssen sich beispielsweise nicht mit den Verhaftungen mit einem Haus, dem Geld, einer gesellschaftlichen Position, einem schönen Auto, Landbesitz usw. auseinandersetzen! Der Meditationszustand des Samadhi ist das Ergebnis von ganz gezielten Unterweisungen, welche die Praktizierenden vor allem im Laufe ihres Lebens erfahren haben. Physisch zeichnet er sich durch einige Punkte aus, die im Körper warm bleiben, insbesondere der Punkt des Herzchakras und zwei Punkte auf dem Hals direkt unter den Ohren. Dieser Effekt (zumindest was das Herzchakra betrifft) war sogar bei Katzen und Hunden zu beobachten, die zum Sterben die Nähe des Karmapa suchten: Nach dem Überschreiten der Schwelle zersetzten sich ihre Körper nicht, sondern blieben in einer Position erhalten, die wahrscheinlich ihrer Meditationshaltung entspricht, d.h. der Position der Sphinx. Sie konnten zwischen zwölf Stunden und drei Tagen in dieser Position verharren. Und dasselbe geschah auch mit Vögeln, die der Karmapa jedoch noch beim Sterben in ein Glas gab, damit sie ihre "sitzende" Stellung beibehalten konnten. Erst nach Abschluss der Mediationsphase post mortem fiel der Kopf der Vögel dann nach unten.

Der Karmapa wusste genau, welche Tiere besondere Anweisungen und mehr Hilfe brauchten, denn die Tiere sind wie wir Menschen nicht alle gleich. Manche Vögel waren in der Lage, sich dem Tod in einem Käfig zu stellen. Andere nahm er lieber in die Hand, zog sie sanft an den Kopffedern und rezitierte dazu Mantras. Der Kopf des Vogels blieb dabei weiterhin schön aufgerichtet in Meditationshaltung.

Auch seinem Hund, der sehr krank und angespannt war, weil er dem Tod weit weg vom Karmapa ins Auge sehen musste, gelang es, völlig ruhig zu werden und den Übergang über die Schwelle mit großem inneren Frieden zu vollziehen. Einen solchen Einfluss konnte der Karmapa also auf Tiere haben. Er hatte auch noch einen anderen kleinen Hund, der tot unter einem Tisch aufgefunden wurde. Er war zwar tot, befand sich aber immer noch in seiner Meditationshaltung. Erst später fiel er in sich zusammen.

Dann gibt es da noch die Geschichte von den fünf Pekinesen, die mit dem Karmapa zusammen waren, als für ihn der Moment kam, seinen Körper zu verlassen. Zwischen seinem Tod und seiner Verbrennung vergingen mehrere Monate, aber zwei der Hündchen starben genau an dem Tag, an dem sein Körper verbrannt wurde, obwohl sie völlig gesund waren. Das deutet auf eine starke und direkte spirituelle Verbindung zum Karmapa hin, weil sie den Moment zum Sterben gewählt hatten, als das bewusste Prinzip des Karmapa diese Welt verließ.

Auch der 13. Karmapa hatte ein wunderbares Verhältnis zu Tieren. Er verbrachte lange Zeiten des Rückzugs in Gesellschaft einer Katze, eines Kaninchens und eines Vogels. Über die Methode, mit der er sie unterwies, hinterließ er uns wertvolle Anweisungen für unsere eigene Erziehung. Er war nicht verrückt. Er wusste nur, dass sich Tiere auch spirituell entwickeln können. Und er hatte eine geeignete Form gefunden, um mit ihnen zu kommunizieren. Er hat sogar verstanden, dass es ihre Emotionen waren, die sie am meisten beunruhigten, und dass es an ihm war, ihnen zu helfen, sie umzuwandeln. Dieser gesamte Dialog zwischen ihm und den

Tieren spielte sich im Rahmen eines tiefgehenden mentalen Kontakts ab, der über Worte weit hinausging.

Aber wir müssen kein Karmapa sein, um mit Tieren kommunizieren zu können. Wenn es bei uns zu Hause Tiere gibt, können wir ihnen auf jeden Fall beibringen, ohne Konflikte mit den Menschen zu leben. Trotzdem müssen wir uns der Tatsache bewusst sein, dass sie sich im wahrsten Sinn des Wortes mit unseren Verhaltensweisen vollsaugen und dass auch wir ihr Bewusstsein beschmutzen können. Wir müssen uns daher unserer Verantwortung in Bezug auf das, was aus ihnen werden kann, bewusst werden.

Einen Hund oder eine Katze zu erziehen, um ihm/ihr bei ihrer Entwicklung zu helfen, ist etwas Gutes, aber eine Sache muss dabei verstanden werden: Man muss ihm/ihr genügend Zeit lassen, um zu lernen und Fortschritte zu machen. Für das Tier selbst bedeutet das Abrichten nichts anderes als ein Forcieren der Evolutionsphasen. Hier muss ein vorgegebener Rhythmus eingehalten werden, und der Charakter des Tieres wird dabei nicht in Betracht gezogen. Lassen wir die Tiere doch so sein, wie sie sind, und wenn sie drei Jahre brauchen, um ihren Lernprozess abzuschließen, dann ist das auch egal. Ich erinnere mich an zwei kleine tibetische Hunde, die bei den Unterweisungen immer bellten. Der Übersetzer hörte deshalb oft den Lama nicht richtig, und die Schüler ertrugen die Hunde nur mit

Mühe. Es wäre einfach gewesen, sie dazu abzurichten, nicht in den Tempel zu kommen, aber dieses Abrichten wurde ersetzt durch eine gutes Maß an Geduld und eine erzieherische Haltung. Das funktionierte so gut, dass die beiden Hunde mit der Zeit zu einem besseren Verständnis gelangt sind, eine höhere Stufe der Intelligenz erreicht und gelernt haben, nicht zu stören.

Einmal vollzog der Dalai-Lama in der Schweiz in einem großen Zelt eine Initiation mit mehr als vierhundert Personen. Damals waren die Menschen im Westen noch nicht so an die Tibeter gewöhnt. Da sie durch die Tatsache konditioniert waren, dass Hunde nicht in Kirchen dürfen, reagierten sie mit großer Neugierde oder fast Furcht, wie der Dalai-Lama wohl reagieren würde, als sie einen Hund ins Zelt kommen sahen. Aber da erwartete viele von ihnen eine weitere Überraschung: Der Hund ging direkt zu Seiner Heiligkeit hin, der ganz einfach seine Unterweisungen unterbrach, eine Hand in sein Mönchsgewand gleiten ließ und ein Stück Brot herauszog, das er dem Tier anbot. Danach machte er mit seinen Unterweisungen weiter.

Eigentlich sollten wir unsere Beziehungen zu Tieren von Anfang an ganz anders gestalten, sie lieben, ohne einen Besitzanspruch an sie zu stellen, aber auch aufhören zu glauben, dass ein gut dressierter Hund dafür sorgt, dass andere einen guten Eindruck von seinem Herrchen bekommen.

Wenn ein Tier häufig rasend wird und ein aggressives Temperament an den Tag legt, können wir ihm Ruhe beibringen. Durch die Art und Weise, wie wir mit ihnen zusammenleben, können wir dafür sorgen, dass sich alle Spannungen auflösen. Das ist der Dienst, den wir den Tieren erweisen können.

Wenn ein Tier ruhig ist, sollten wir es nicht zu unserem Vergnügen stören, denn ansonsten sind wir für die Emotionen verantwortlich, die wir bei ihm auslösen. Denken wir immer daran, dass Emotionen Karma erzeugen.

Man könnte natürlich auch argumentieren, dass Tiere von Natur aus aggressiv sind, dass die Raubkatzen andere Tiere fressen usw. Aber ihre Gewalt ist im Gegensatz zu der unsrigen durch die Nahrungssuche bedingt. Buddha hat gesagt, dass das Leiden, das im Reich der Tiere herrscht, genau darin besteht, dass sie sich gegenseitig auffressen müssen.

Ich hatte einmal eine Katze, die Mäuse fing, obwohl ich sie reichlich mit Futter versorgte. Doch das Futter, das ich ihr gab, reichte anscheinend nicht aus, um das Jagen aufzugeben, denn sie brauchte die Garantie, immer genügend Futter zur Verfügung zu haben. Sie brauchte die Gewissheit, dass ich mich immer um sie kümmern würde.

Die Tiere lehren uns aber auch etwas über uns selbst. Wir brauchen dazu nur unser Verhalten zu beobachten!

Am Anfang ist es unser Hund, eine Ausdehnung von uns selbst, etwas, um das wir uns kümmern und das wir mit Nahrung versorgen, aber aus einem Wunsch der Aneignung heraus, wie bei einem schönen Auto oder einer leidenschaftlichen Liebe, die nur uns ganz allein gilt.

Dann fangen wir ganz allmählich an, uns auf die Suche nach dem zu machen, was für unseren Hund gut wäre. Und das lässt in uns eine Haltung des Dienens aufblühen. Wir gehen von einer konditionierten Liebe zur bedingungslosen Liebe über, zum wahren Mitgefühl, bei dem die einzige Befriedigung darin besteht, anderen zu helfen. Und diese Befriedigung kann mit Tieren sehr viel leichter entdeckt werden, weil sie sehr viel weniger von uns fordern oder verlangen als die Menschen. Diese Gelegenheit, die sie uns bieten, ist das Wichtigste, was wir aus unserer Beziehung mit ihnen lernen können.

Ein Tier sollte nie zu unserem Vergnügen verwendet werden. Das lehrte uns der 16. Karmapa einmal an einem Beispiel, als er einen dressierten Affen sah, der seine Kunststücke auf der Straße zur Schau stellen musste, um die Leute zu amüsieren. Er sagte, dass das Tier leidet, wenn man es so zwingt. Und da das Tier dieses Leiden nicht aushalten kann, entwickelt es eine große Wut gegen die Menschen. Normalerweise sind die Emotionen von Tieren nur vorübergehender

Natur und weniger negativ als die von Menschen, aber in so einem Fall verschwindet die Wut nicht, sondern akkumuliert sich im Geist des Affen, um sich schließlich im Zustand des Bardo zu manifestieren. Das führt dazu, dass sein Geist möglicherweise dazu neigt, sich in einem niedrigeren Reich als der Tierwelt zu reinkarnieren, unter Wesen, deren Grundemotion Wut ist. Ein solches Reich gibt es. Es ist eine der sechs Welten, von denen der Buddha sprach. Es ist die Welt der "hungrigen" Geister.

Das ist ein Beispiel von einem wirklich unnützen Leiden und was die Folge davon sein kann. Wir können es auf die Tiere im Zirkus übertragen, aber auch auf Situationen, in denen wir selbst ein Tier unnötig stören oder ihm allzu große Lasten als Lastentier aufbürden.

Der Mensch sollte möglichst auch keine Tiere essen. Dazu ist zu sagen, dass die Tibeter ja Fleischesser sind, aber das liegt daran, dass sie von ihrer Kultur konditioniert sind (in der jedoch in der Regel lieber ein Yak getötet wird, um damit eine ganze Familie zu ernähren, als mehrere Fische, die nur eine einzige Person ernähren). Aber sie sind auch von der westlichen Kultur konditioniert, in der die Menschen alle möglichen Fleischsorten essen, ohne sich bewusst zu sein, was sie da tun. Auch die Indianer Amerikas hatten die Angewohnheit, Fleisch zu essen, aber da sie daran gewöhnt waren, mit den Tieren eine nonverbale

Kommunikation aufzubauen, baten sie sie normalerweise zuvor um Erlaubnis.

In Tibet gab es einmal einen Metzger, dessen Aufgabe es war, die Ziegen für die gesamte Gemeinschaft
zu töten. Aber eines Tages hatte er eines seiner Messer
herumliegen lassen und sah, wie eine Ziege versuchte,
das Messer zu verstecken und es mit Erde zu bede-
cken. Im selben Moment begriff er, dass es sich bei
dieser Ziege um ein bewusstes Wesen handelte.
Daraufhin gab er seinen Beruf auf, zog sich zurück
und wurde zu einem großen Yogi.

Wir sollten Tiere auch nicht zu unserem Profit
benutzen. Wenn auch die Absicht der medizinischen
Wissenschaft, menschliches Leiden zu vermeiden, gut
ist, so ist die Art und Weise, wie sie sich der Tiere in
Labors bedient, weder korrekt noch notwendig. Wir
können nicht hoffen, Leiden aus der Welt zu schaffen,
indem wir anderes Leiden auslösen. Wie auch Gewalt
nicht durch den Einsatz von Gewalt aus der Welt
geschafft werden kann.

Unserer Tradition zufolge kann der oben angeführ-
te Affe in einer niedrigeren Welt wiedergeboren werden,
und dasselbe kann auch mit einem Menschen geschehen. Wir können als Tiere wiedergeboren werden, und
ich beziehe mich hier nicht nur auf die Bodhisattvas*!

Wie der Buddha selbst das Dharma in allen Welten
lehrte, kann auch ein Bodhisattva in Gestalt eines

Tiers wiedergeboren werden, um die Evolution in der Tierwelt voranzubringen. Es gibt keine spezielle Methode um herauszufinden, ob ein Tier ein wiedergeborener Bodhisattva ist oder nicht, aber es kommt von Zeit zu Zeit immer wieder vor, dass uns besondere Tiere begegnen. Beispielsweise die Kanarienvögel des 16. Karmapa. In Rumtek wussten alle, dass sie sich um frisch geschlüpfte Vögelchen, egal welcher Gattung, kümmern würden, die im Wald aus dem Nest gefallen waren. Denn wenn ein Mensch solche Vögelchen einmal berührt hatte, konnte er noch so sehr versuchen, sie wieder in ihr Nest zurückzulegen, ihre Mutter würde sie nicht mehr annehmen. Deshalb hatten es sich die Leute angewöhnt, die Vögelchen ins Kloster zu tragen, weil sie wussten, dass die Kanarienvögel des Karmapa sie aufziehen würden.

Diejenigen unter Ihnen, die einen großzügigen Hund haben, der ruhig und sanft ist, glauben jetzt vielleicht schon – wenn ich richtig vermute –, dass es sich dabei möglicherweise um einen Bodhisattva handeln könnte... Aber vergessen Sie nicht, dass Tiere immer das Verhalten der Menschen nachahmen. Wenn also Ihr Hund lieb, ruhig und großzügig ist, bedeutet das vielleicht nur, dass Sie es auch sind!

---

* Weitere Informationen hierzu finden Sie in dem Kapitel "R... wie Reinkarnation".

T... wie Tod und Sterben

Wie Sie wahrscheinlich bereits wissen, beschäftigten sich die Tibeter schon immer intensiv mit der Vorstellung vom Tod und vom Sterben. Die Westler reden am liebsten überhaupt nicht darüber, da diese Vorstellung bei Ihnen mit Trennung und Schmerz verbunden ist. Und ihre größte Angst besteht darin, dass nach dem Tod nichts mehr kommen könnte.

Und doch ist der Tod eine absolute Gewissheit, die auf der einfachen Tatsache beruht, dass wir geboren sind. Sollten wir uns also nicht lieber auf dieses Ereignis vorbereiten? Denken Sie nicht, dass der Gedanke an den Tod uns traurig macht, denn wir haben uns häufig unser ganzes Leben lang darauf vorbereitet. Ich würde sogar sagen, dass genau das Gegenteil der Fall ist. Denn durch das ständige Erinnern, dass alles vergänglich ist, schätzen wir das Leben umso mehr und sehen in jedem Ding seinen wahren Wert. Das verringert unsere Anhaftung und das damit zusammenhängende Leiden. Menschen, die Gelegenheit hatten, mit Tibetern zusammenzusein, wissen, dass sie nicht traurig sind. Ganz im Gegenteil sind wir für unseren ausgeprägten Sinn für Humor und unseren jovialen Charakter bekannt.

Wir sehen das Leben als eine Serie von guten Gelegenheiten an, unser Bewusstsein zu verbessern. Und dasselbe gilt für den Tod. Insbesondere den Moment des Übergangs betrachten wir als eine der besten Gelegenheiten, um uns weiterzuentwickeln. Und wir haben besondere Techniken entwickelt, um diesen Augenblick so gut wie möglich nutzen zu können.

Natürlich ist für diese Techniken ein gewisses Training erforderlich, ohne das es unmöglich ist, sie in einem so schwierigen Moment wie dem Tod anwenden zu können.

Im Kapitel "F... wie Fähigkeiten" gehen wir noch näher auf diese Techniken und das sog. Traumyoga und Phowa ein.

Phowa ist auch der Name eines Rituals, das wir für diejenigen abhalten, die sich im Bardo befinden, um ihnen zu helfen, nicht in diesem Zwischenzustand hängen zu bleiben, dort nicht ihr Bewusstsein zu verlieren. Die Lamas sind ausgebildet, um den Zustand von Verstorbenen wahrzunehmen, die noch im Bardo gefangen sind. Eine derartige Wahrnehmung lässt sich vor allem als eine mentale Verbindung beschreiben, eine Art Weisheit oder Klarheit des Geistes, die es dem Lama erlaubt, den Kontakt zu spüren.

Das hat nichts mit dem westlichen Spiritismus zu tun, da es dabei nicht darum geht, diesen oder jenen mit uns in Kontakt zu bringen, sondern ganz im Gegenteil ihm zu helfen, seine Evolution fortzusetzen. Wenn der Geist des Lamas klar und bewusst genug ist, kann er durch einfachen Kontakt dieselbe Klarheit und dasselbe Wissen in dem Geist hervorrufen, der noch im Bardo festhängt. Dadurch erkennt dieser sofort das Bardo als einen von ihm selbst erschaffenen, illusorischen Zustand. Hat sich das Bewusstsein erst einmal von dieser Illusion befreit, kann es auf ganz natürliche Weise zu seiner Reinkarnation übergehen, eine positive Reinkarnation, die nicht von einem niedrigen Bewusstsein konditioniert wird, was hingegen der Fall wäre, wenn es sich von den Halluzinationen des Bardos hätte täuschen lassen.

Wenn wir einem Wesen, das im Bardo festhängt, helfen, verspüren wir häufig das Bedürfnis, noch mehr zu tun, nicht nachzugeben. Und wenn diese Wahrnehmung aufhört, wissen wir in der Regel, dass die Verwandlung stattgefunden hat, d.h. dass sich das Bewusstsein vom Bardo befreit hat.

Auch wenn das Wissen des Lamas noch nicht besonderes entwickelt ist, kann er mit dem Phowa-Ritual trotzdem Hilfestellung leisten.

Diese Hilfe wird insbesondere unmittelbar nach dem Tod oder im Laufe der darauffolgenden fünf

Wochen geleistet. Im Bardo existiert keine Zeit, denn der Geist ist vom Körper befreit, befreit von der Vorstellung des Raums, aber auch von der Vorstellung der Zeit. Aber aus der Sicht derjenigen, die noch auf dieser Welt weilen, vergehen im Allgemeinen neunundvierzig Tage zwischen dem Tod und der darauffolgenden Wiedergeburt. Natürlich verstehen wir unter Wiedergeburt hier die Empfängnis.

Dieser Zeitraum von neunundvierzig Tagen ist keine feststehende mathematische Größe und steht in gewisser Weise auch in Verbindung mit analogen Zeiträumen, die aus anderen Traditionen bekannt sind, wie etwa der Gedenkandacht der Christen, die vierzig Tage nach dem Tod des Verstorbenen gelesen wird. Es kann aber auch vorkommen, dass der Geist länger im Bardo gefangen bleibt. Dort hängt seine Lernfähigkeit nicht mehr vom physischen Gehirn ab. Und sie wird auch nicht von der Kultur konditioniert. Das heißt also, wenn der Geist bewusst ist, kann er viel lernen: Die Bodhisattvas sind überall und können sogar mit ihrem Bewusstsein in das Bardo eindringen.

Doch es kann auch sein, dass der Grund für einen längeren Aufenthalt im Bardo darauf zurückgeht, dass der Geist nicht in der Lage ist, sich von seiner Illusion zu befreien. Denn da er die Fähigkeit hat, dieselben Bedingungen und Umstände wiederherzustellen, die ihm im Leben in seinem physischen Körper so gefallen haben, will er diese andere Welt, die er selbst erschaffen hat, nicht mehr verlassen.

Die Kreativität und Schöpfungskraft ist eine Qualität des Geistes, eine Qualität, die weiterhin aktiv ist, auch wenn der Körper nicht mehr vorhanden ist. Nehmen wir einmal an, es handle sich um jemanden, der sehr mit seiner Arbeit verhaftet war. Dann wird er dieselbe Situation wieder erschaffen und weiterhin die Illusion träumen, indem er genau dasselbe reproduziert, was sein Leben ausmachte.

In diesem Fall wird die Illusion noch verstärkt durch die Tatsache, dass sie Spaß und Vergnügen erzeugt, so dass der betroffene Geist sich in seinem Traum halten will. Es kann ziemlich schwierig sein, Kontakt mit Wesen dieser Art aufzunehmen, die jahrelang in diesem Zustand verweilen können. Manchmal ist ihr Geist glücklich, manchmal unglücklich, genau wie im Leben. Aber sobald man mit ihnen Kontakt aufnehmen will, spürt man eine Art Mauer. Sie wollen ihre alten Anhaftungen nicht aufgeben. Wenn man in Tibet einem Wesen in einer derartigen Situation helfen musste, konnte man die Hilfe eines hoch erleuchteten Lamas in Anspruch nehmen, der diesem Wesen nach und nach die entsprechenden Anweisungen übermittelte, damit es sich von seiner Illusion befreien konnte.

Während der ersten vier Wochen nach dem Tod dreht sich das Wesen, das die Schwelle des Todes überschritten hat, dabei aber nicht bewusst bleiben konnte, im Kreis. Befreit von den Beschränkungen seines Körpers versucht es, Kontakt mit Freunden oder Angehörigen aufzunehmen und zu sehen, was sie jetzt tun usw. Deshalb beten die Tibeter in dieser Zeit in der Regel dafür, dass dieses Wesen eine Verbindung zu einem positiven Bewusstsein finden möge. Wenn wir ihm gute Wünsche und positive Gedanken schicken, erreichen sie dieses Wesen. Aber wenn wir viel Negativität erzeugen, beispielsweise durch Traurigkeit und negative Gedanken, erreicht auch das das Wesen sofort. Sein Geist unterscheidet sich nicht von dem, wie er im Leben war. Er ist nur schneller.

Natürlich müssen wir kein Lama sein, um unseren Verwandten und Freunden helfen zu können, wenn wir annehmen, dass sie im Zwischenzustand des Bardo gefangen sind. Jeder kann für sie beten, ihnen eine gute Wiedergeburt und Befreiung von karmischen Bindungen wünschen. Nähere Ausführungen über die Wirksamkeit von Gedanken finden Sie unter "K... wie Kreativität".

Die Art der Gedanken, die wir übersenden, ist sehr wichtig. Wir müssen dabei darauf hinweisen, dass die Wesen jetzt ihrer spirituellen Entwicklung größere Aufmerksamkeit schenken können, da sie von ihrem materiellen Körper befreit sind, der ihnen so große Beschränkungen auferlegt hat. Wir sollten sie auch daran erinnern, dass es viele vollkommen erleuchtete Geister gibt, die ihnen helfen können und dass es dazu genügt, die Tatsache zu akzeptieren, dass diese Wesen selbst im Bardo einfach für sie da sind.

Wir beten also, wir bringen Opfergaben dar, wir visualisieren verschiedene Gottheiten oder Bodhisattvas, bitten sie, ihr Möglichstes zu tun, um der Seele des Verstorbenen zu helfen, sich ein bisschen zu öffnen. Wir ermöglichen es ihr so, ihr Bewusstsein dank der richtigen Einstellung zu steigern – was zur Befreiung führt. Auch Sie können all das tun, allerdings sollten Sie dabei die Religion der verstorbenen Person respektieren. Wie Sie auch unter "B... wie Bodhisattvas" nachlesen können, haben alle Religionen ihre Heiligen. Dem Verstorbenen kann umso leichter geholfen werden, je vertrauter ihm die Gedanken sind, die an ihn übertragen werden. Hat die Person beispielsweise nach der christlichen Tradition gelebt, so sollten wir ihr keinen so wenig vertrauten Gedanken wie beispielsweise an einen Bodhisattva des Buddhismus übermitteln, sondern ihr eher sagen, sie solle sich an einen christlichen Bezugspunkt, wie Jesus oder einen Heiligen, wenden.

Es gibt also viele Dinge, die wir tun können, wenn eine Person gerade verstorben ist. Aber wenn sich der

Moment des Todes nähert, gibt es sogar noch mehr zu tun.

In Tibet gab es keine vergleichbaren Einrichtungen wie die Krankenhäuser der westlichen Welt. Die Leute starben also in der Regel dort, wo sie gelebt hatten, meist im Kreise ihrer Familienangehörigen. In den westlichen Ländern sterben viele Kranke weit weg von allem, was ihnen vertraut ist, weit weg von ihrem Heim und ihrer Familie. Kinder unter einem bestimmten Alter dürfen nicht ins Krankenhaus, um ihren Opa sterben zu sehen, so dass der Alte noch trauriger und die Kinder noch weniger mit dem Tod vertraut sein werden als zuvor – und noch weniger vorbereitet auf ihren eigenen Tod. Es ist schwierig, für den Tod im Krankenhaus bessere Bedingungen zu schaffen, da dort alles sehr mechanisch abläuft. Die Kranken werden zu einer bestimmten Uhrzeit geweckt, die Besuche dürfen nur zu einer bestimmten Uhrzeit erfolgen, und der Kranke muss sich diesem Rhythmus anpassen. Eigentlich müsste es genau umgekehrt sein: Eine Person, die kurz vor dem Sterben steht, müsste so wenig wie möglich gestört werden.

Trotzdem können verschiedene Vorkehrungen getroffen werden, um dem Sterbenden das Überschreiten der Schwelle des Todes so leicht wie möglich zu machen. So sollte dafür gesorgt werden, dass sein Geist so ruhig und entspannt wie möglich bleibt. Man sollte nicht versuchen, dass er sich an dieses oder jenes Ereignis erinnert, man sollte mit ihm nicht zu viel über seine Kinder oder seine Frau reden, wenn Sie nicht vollkommen sicher sind, dass das bei ihm keine Anhaftungen auslöst, beispielsweise in Form eines Gedankens wie: "Jetzt werde ich alle verlassen, die ich liebe. Was wird nur aus mir werden?"

Versuchen Sie stattdessen seinen Geist auf aktuelle Themen zu lenken wie: "In diesem Moment bin ich hier, und das ist gut." Zu Sterbenden sollte man möglichst freundlich und sanft sein und möglichst feinfühlig, denn wenn wir uns dem Tode nähern, werden wir extrem empfindlich. Wenn jemand etwas Unangebrachtes macht oder sagt, werden die Sterbenden davon völlig durcheinander gebracht, viel mehr als in einer normalen Situation. Tun Sie daher Ihr Möglichstes, damit die Sterbenden sich in einem friedlichen Zustand befinden. Vergessen Sie nicht, dass Sie viel Geduld brauchen werden, um ihnen alles zu erleichtern, indem Sie versuchen, ihnen alle Wünsche zu erfüllen. Das wird sie zufrieden machen, weil es der Beweis dafür ist, dass sich jemand um sie kümmert. Dieses Gefühl kann als Gegengewicht gegen das Leiden dienen, so dass sie sich wahrscheinlich beruhigen und Frieden finden, anstatt sich aufzubäumen und sich an all ihre alten Gewohnheiten und Erlebnisse zu erinnern. Das hat zur Folge, dass ihr Bewusstsein nicht allzu aufgewühlt sein wird.

Natürlich kann es für Menschen, die die Lehren des Dharma erhalten haben oder für jemanden, der genügend Mitgefühl hat, um sich seinen Erinnerungen zu stellen und anderen und sich selbst zu vergeben, positiv sein, eine geeignete Hilfe zu bekommen, um in sich selbst hineinzuschauen, in seine Vergangenheit zurückzugehen. Dadurch können alle schlechten Handlungen, alle negativen Situationen, die erlebt wurden, geläutert werden. Danach ist der Sterbende endlich ruhig, und das ist der wichtigste Punkt überhaupt. Um bei dem Sterbenden eine positive Einstellung zu fördern, können Sie ihm auch ein bisschen erklären, was sich jetzt ereignen wird, aber nur wenn Sie ganz sicher sind, dass diese Person, das, was Sie ihr sagen, auch akzeptieren wird. Andernfalls haben diese Erklärungen nur zur Folge, dass der Sterbende in einen Zustand der Erregung versetzt wird. Wenn Sie beispielsweise bereits wissen, dass er die Vorstellung der Wiedergeburt ablehnt, dann ist es besser, diesen Punkt nicht anzusprechen.

Verlassen Sie sich auf Ihr Urteilsvermögen, auf Ihr Wissen und Ihre Intuition, um ganz sicher zu gehen, um welchen Typ von Mensch es sich handelt, und ihm so genau die Hilfestellung zukommen lassen zu können, die er wirklich braucht. Wenn es scheint, dass er nicht in der Lage ist, sich seinen eigenen Erinnerungen

zu stellen und zu vergeben, ist es besser, ein Hochkommen dieser Erinnerungen zu verhindern, indem
Sie ihn beispielsweise mit geeigneter Musik oder mit
freundlichen Worten, die allerdings wirklich von
Herzen kommen müssen, ablenken.

Wenn die Person an etwas glaubt, führen Sie sie einfach dahingehend, dass sie sich keine Anhaftungen,
keine Urteile, keine Vorstellungen schafft. Erinnern Sie
sie daran, dass nun die Zeit gekommen ist, eine
Entscheidung zu treffen, und dass sie sich nun zum
Gehen entscheiden müsste. Wenn die Person Angst hat,
dass nach dem Tod nichts mehr kommt, beruhigen Sie
sie. Wenn nach dem Tod nichts kommt, kann ihr auch
nichts geschehen! Versuchen Sie, die Person aktiv an
ihrem Abschied zu beteiligen. Es ist nun Zeit, dass sie
geht. Sie kann beschließen, jetzt zu gehen, indem sie
sich entspannt und nicht an der Vergangenheit festhält.

Bei den Tibetern gibt es eine Technik, die das
Verlassen des Körpers erleichtert, wenn der Tod naht.
Diese Technik kann als eine Art natürliche "Notfall-
apotheke" angesehen werden, oder ein Meister kann
diese Technik für uns anwenden, damit wir die Schwelle
des Todes bei vollem Bewusstsein überschreiten können. Diese Technik wird Phowa genannt und besteht
aus einer bestimmten Silbe, die wir vor uns hinsagen,
um unser Bewusstsein aus dem Kronenchakra* hinaus-
zuschleudern. Im Allgemeinen bedient man sich dieser

Technik, wenn man ganz alleine stirbt. Man versetzt sich in einen Mediationszustand, in dem man genau weiß, welches der Moment ist, in dem das Leben endet.

Für all diese Techniken ist viel Übung erforderlich, deshalb trainieren wir uns das ganze Leben lang darin. Aber beim Üben müssen wir aufpassen, dass wir uns am Anfang nicht aus unserem Körper hinausprojizieren, denn diese Technik verlangt große Vorsicht. Im Großen und Ganzen handelt es sich jedoch weder um eine schwierige Übung noch um eine Unterweisung, die nur den Auserwählten vorbehalten wäre, da sie uns im Moment unseres Todes wirklich außerordentlich helfen kann. Zum gegenwärtigen Zeitpunkt führen viele Lamas die westlichen Menschen in diese Übung ein. Und im Moment des Todes wird jeder dann, je nachdem wie er geübt hat, ein entsprechendes Ergebnis erzielen.

Manchmal ist es auch möglich, den Sterbenden zu helfen, indem man ihnen von Menschen erzählt, die in ein tiefes Koma gefallen und anschließend wieder erwacht sind. Die Bücher von Dr. Moddy und Dr. Elisabeth Kübler-Ross sind eine wahre Fundgrube für Erfahrungen dieser Art. Auch in Tibet wurde über ähnliche Erfahrungen wie die in der westlichen Literatur beschriebenen berichtet. In den meisten Berichten

---

* Ein Chakra ist ein Energiezentrum, und das Kronenchakra befindet sich oben auf dem Kopf.

ist die Rede von einem Weg des Lichts, den man wählen kann und auf dem von Zeit zu Zeit dunkle Dinge auftauchen. Aus diesen Erfahrungsberichten geht auch hervor, dass wir davor keine Angst zu haben brauchen, weil es sich dabei nur um Dinge handelt, die von unserer eigenen Fantasie erzeugt wurden.

Machen Sie sich ein für alle Mal klar, dass alles unserem Geist entstammt!

Wir Tibeter haben darüber hinaus die Angewohnheit, diese Dinge dem Verstorbenen gegenüber während der drei Tage unmittelbar nach dem Tod immer wieder zu wiederholen. In dieser Zeit ist die Seele des Verstorbenen noch nicht vollkommen von dem Zwischenzustand des Bardo absorbiert.

Wenn der Mensch im Krankenhaus stirbt, ist es natürlich schwierig, so vorzugehen, da die menschliche Hülle sofort entfernt wird. Aber wenn die Person zu Hause stirbt, kann man das tun. Man kann sich daran erinnern, dass weder die Zeit noch der Raum für das Bewusstsein weiter existieren, wenn es sich erst einmal von seinem physischen Körper befreit hat.

Diese Anweisungen werden häufig durch einen Kontakt von Geist zu Geist, von Seele zu Seele übertragen. Es ist daher nicht nötig, Worte zu verwenden, außer wenn es Ihnen hilft, sich besser zu konzentrieren, wenn Sie nicht gewohnt oder unfähig sind, Ihren Geist auf einen einzigen Gedanken zu fokussieren.

T... wie Tulkus: Die besonderen Kinder

Wir nennen einen Lama, den wir als eine Reinkarnation eines früheren Lamas erkennen, Tulku. Wie ein Bodhisattva durchsteht ein Tulku den Zustand des Bardo, ohne sein Bewusstsein zu verlieren. Daher erinnert er sich auch schon von frühester Kindheit an an sein früheres Leben.

Dieses Bewusstsein geht Hand in Hand mit einem anderen Zweck, der auch für die Bodhisattvas typisch ist. Ein Tulku reinkarniert sich zum Wohle der fühlenden Wesen.

Ebenso wie der Bodhisattva kann auch der Tulku nicht voll erleuchtet sein und noch einige karmische Hindernisse zu überwinden haben. Manche von ihnen sind in der Lage zu sehen, wo und wie sie sich das nächste Mal reinkarnieren werden, andere nicht.

Letztendlich besteht also der einzige Unterschied zwischen einem Tulku und einem Bodhisattva darin, dass der Tulku sich immer im selben Land, am selben Ort, mit denselben Verwandten etc. reinkarniert. Ein Bodhisattva kann als Tulku leben oder auch nicht.

Die Reinkarnation ist nichts anderes als eine Qualität des Geistes, die bewirkt, dass alle Wesen sich immer wieder reinkarnieren müssen, solange es ihnen noch nicht gelungen ist, sich von ihrem Karma zu befreien. Doch wenn in Tibet von einem "Reinkarnierten" die Rede ist, will man damit sagen, dass diese Person ein so hohes geistiges Niveau und ein so starkes Mitgefühl entwickelt hat, dass dieses sie drängt, sich noch einmal zu reinkarnieren, um den anderen zu helfen. Ganz besonders sie wählen, an denselben Ort zurückzukommen, weil sie etwas zu Ende bringen möchten, was sie im früheren Leben begonnen haben. Ein Tulku erhält also eine besondere Ausbildung, damit er sofort mit seinem Werk anfangen kann, ohne viel Zeit zu verlieren. Sein Mitgefühl wächst dabei weiter dank der Unterweisungen, die ihm zuteil werden, so dass er nach und nach seine Verwirklichung vervollständigt und zu einem vollkommmenen Bodhisattva wird. Bei jeder Inkarnation kommt es zu einer Verbesserung.

Ich bin schon sehr früh als Tulku erkannt worden. Doch alles, was ich darüber erzählen kann, haben mir andere erzählt, die dabei waren, denn ich persönlich kann mich an diese erste Zeit meines Lebens, in der ich erkannt wurde, nicht mehr erinnern. Dieser Gedächtnisverlust ist eine sehr häufig auftretende Erscheinung. Das Gedächtnis junger Tulkus in Bezug auf ihr früheres Leben verblasst allmählich – je älter sie werden und je mehr sie anderen Kindern zu gleichen beginnen. Meine Mutter berichtete mir beispielsweise, dass ich als Kind erzählte, was ein Familienmitglied weit entfernt von unserem Haus gerade dabei war zu tun oder gemacht hatte. Sie sagte, ich habe das spontan gemacht, und meine Angehörigen überprüften es anschließend. Dabei entdeckten sie, dass sich die Dinge immer so abgespielt hatten, wie ich gesagt hatte. Ich konnte ganz natürlich über die Vergangenheit, die Gegenwart und die Zukunft reden. Aber als ich größer wurde, fing mein Geist an, von den unterschiedlichsten Zweifeln verschleiert zu werden. Wer weiß, ob das wahr ist oder nicht? Wer weiß, ob man das sagen kann oder nicht? Ein kleines Kind kennt keine Zweifel. Es sagt alles, was ihm in den Sinn kommt und kümmert sich dabei wenig darum, was die Leute wohl über das, was es sagt, denken könnten, oder was wohl die Folgen davon sein könnten. In gewissem Sinne stellte sich mein Urteilsvermögen in Form von Zweifeln dar oder in Form einer Denkweise, die genau das Gegenteil von meiner Intuition, meinem spontanen Wissen war.

Dieses klare Wissen ist eines der Zeichen, das die Eltern sogar im Westen erkennen können müssten.

Die ersten Anzeichen für die Präsenz eines Tulkus sind vielleicht für bestimmte westliche Eltern nicht leicht erkennbar, aus dem einfachen Grund, weil sie nicht darin ausgebildet wurden, darauf zu achten. Das ist ein bisschen wie bei den Anzeichen, die mit der Geburt eines Bodhisattvas einhergehen.

Ich wurde 1949 in der Region Deng-Kok im östlichen Teil von Tibet geboren, der Kham genannt wird. Dort fließt ein großer Fluss, der breiter ist als die Seine in Paris. Normalerweise ist das Flusswasser braun, aber an dem Tag, als ich geboren wurde, war es einen Tag lang ganz weiß. Und auf unerwartete Weise sprossen plötzlich viele Blumen im und um das Haus an Stellen, an denen normalerweise keine Blumen wuchsen. Niemand konnte sich den Grund für diese Phänomene erklären, so dass man schließlich dachte, dass möglicherweise ein Zusammenhang zu meiner Geburt bestand. Heute weiß ich nicht, ob man gut daran getan hat. In einem westlichen Land würde man keinen Zusammenhang zu der Geburt eines Kindes herstellen, sondern Untersuchungen über den Fluss anstellen. Vielleicht hätte man jemanden gefunden, der ihn verschmutzt hatte... Aber es hat dem Himmel gefallen, dass die Dinge genau so gelaufen sind, wie sie gelaufen sind!

Um Ihnen das Leben eines Tulkus zu beschreiben, werde ich Ihnen meine eigene Geschichte erzählen.

Mein Familienname ist Athub. Das deutet darauf hin, dass es sich um eine Familie mit altem mongolischen Ursprung handelt, die vielleicht während des

Krieges mit der Mongolei nach Tibet gelangt ist. Ich würde sie als eine edle Familie mit kämpferischer Tradition beschreiben.

Alles ist gut ausgeglichen, denn die Familie, in die jeder von uns hineingeboren wird, kann arm oder reich sein, das ist nicht wichtig. Es hängt häufig mit den noch vorhandenen karmischen Verbindungen zusammen, die immer noch wirksam sind.

Die Spiritualität hatte sich in meiner Familie schon seit Generationen entwickelt. Mehrere Familienmitglieder waren Yogis und Praktizierende der Nyingma-Tradition gewesen. Ich glaube, der erste Lama in meiner Familie war mein Urgroßvater oder mein Ururgroßvater. Es war wahrscheinlich nicht einfach, eine so große Familie und alle ihre Geschäfte zu verwalten und dabei gleichzeitig noch ein Yogi zu sein. Deshalb ging man dazu über, die politischen Pflichten ein oder zwei Mitgliedern der Familie zu übertragen, damit die anderen sich einem spirituellen Weg widmen konnten. Aber mein Großvater hatte noch beide Rollen gleichzeitig inne. Er war das spirituelle und das politische Oberhaupt der Familie. Von seinen acht Söhnen wurden vier als Tulkus erkannt, aber er konnte sie nicht alle Mönche werden lassen, denn mindestens einer von ihnen musste ein weltliches Leben führen, um sich um die Familienangelegenheiten zu kümmern.

So traten der 16. Karmapa, Dzogchen Penlob und Dozong Chapdug ins Kloster ein, während Thikar, mein Vater, der zwar als die Reinkarnation eines Meisters der Nyingma-Tradition erkannt worden war, nur symbolisch ins Kloster eintrat, um dort zur Schule zu gehen. Im Alter von zwanzig Jahren musste er seine Mönchskutte wieder ablegen und zum Familienleben zurückkehren, um seine politische Rolle zu erfüllen.

Mein Vater hatte nur zwei Söhne. Der eine ist Shamar Rinpoche, der Shamarpa*, eine wichtige "Reinkarnation", und der andere bin ich. Er entschied also, dass ich nicht Mönch werden sollte, wie dass auch bei ihm der Fall gewesen war, aber auch weil er wusste, dass er bald sterben würde. Tatsächlich starb er bereits mit siebenunddreißig Jahren, als ich gerade mal drei Jahre alt war.

Ich wurde offiziell erkannt, als ich noch ziemlich jung und mein Vater noch am Leben war, aber auch wenn die Lamas des Klosters enttäuscht waren, war seine Entscheidung unwiderruflich. Darüber hinaus gab es zu jener Zeit ziemlichen Aufruhr unter den Chinesen

---

* Der Shamarpa ist die "Reinkarnation", die die Überlieferungslinie des Karmapa empfängt und sie ihm in der darauffolgenden Inkarnation überträgt. Deshalb handelt es sich bei dem Shamarpa um einen erwachsenen Meister, wenn der Karmapa sich inkarniert. Er kann also überprüfen, dass es sich wirklich um ihn handelt, sich seiner annehmen und ihn initiieren, damit der neue Karmapa keine Zeit verliert und seine Aktivität so schnell wie möglich wieder aufnehmen kann.

und Tibetern in dieser Gegend, weshalb die Lamas auch nicht mehr darauf drängten, ihn zu überzeugen.

Meine Anerkennung erfolgte auf ganz traditionelle Weise. Mein Vorgänger (so nennen die Tibeter ihre frühere Reinkarnation) hatte meiner Familie eine kleine Glocke und ein Dorje (Donnerkeil) geschickt. Wahrscheinlich sind diese Gegenstände immer noch dort unten in Tibet.

Heute erinnere ich mich nur noch daran, dass ich als Kind dieses kleine Glocke gesehen habe. Aber meine Familie und andere sagen, dass mein Geist bis zum Alter von fünf oder sechs Jahren, bevor ich anfing, alles zu vergessen, sehr klar gewesen sei und ich mich an jedes Detail meiner vorhergehenden Inkarnation erinnerte. Ich denke, dass sich meine Situation nicht sehr von dem unterscheidet, was bei allen Menschen passiert. Als Erwachsener erinnern wir uns vielleicht noch an zehn Prozent von dem, was wir gemacht oder gedacht haben, als wir ein Kind waren. Manchmal kann etwas passieren, was uns eine Erinnerung wieder ins Gedächtnis bringt, aber das ist auch schon alles.

Mein Vorgänger, Lap Kyap Gon, war ein Meister der Gelugpa-Tradition* und in einer seiner Inkarnationen

---

* Die Gelugpaschule ist aus der Khadampa-Tradition hervorgegangen, die in Tibet von dem indischen Mönch Atisha reformiert wurde. Die Überlieferungslinie der Gelugpa-Tradition wird vom Dalai-Lama und vom Panchen Lama fortgeführt.

Abt des Klosters von Lap gewesen. Ich erinnere mich daran, dass jedes Jahr die Mönche vom Kloster von Lap kamen, um mich zu sehen und zusammen mit meiner Familie Pujas* abzuhalten. Vielleicht versuchten sie dadurch, den Kontakt zu mir jedes Mal wieder etwas zu erneuern. Niemand zwang mich jedoch, an den Pujas teilzunehmen, denn ich wurde wie ein ganz normales Kind behandelt. Glücklicherweise ließ man mich entwischen, denn ich hatte Angst vor dem Hund des Abtes, einem enorm großen deutschen Schäferhund. Ich war damals noch so klein!

Meine Ausbildung begann erst später, im Alter von sieben Jahren, als man mich ins Kloster von Tsurphu (immer noch in Tibet), aber weit entfernt von der chinesischen Grenze brachte. Das war das Kloster des Karmapa, und ein Teil meiner Familie wurde dort aufgenommen**.

Häufig werden die Tulkus in der Nähe ihres Meisters wiedergeboren, um keine Zeit zu verlieren und gleich einen qualifizierten Lehrer zur Verfügung zu haben. Doch meine ersten Lamas lehrten mich ganz gewöhnliche Dinge: Lesen und Schreiben und wie

---

* Pujas sind Zeremonien, bei denen den örtlichen Devas, Göttern oder Meistern Opfergaben dargebracht wurden, um Kontakt zu ihnen aufzunehmen und weiterhin harmonische Beziehungen mit ihnen zu unterhalten. Als Pujas werden auch Opfergaben als Zeichen für unsere Dankbarkeit und Anerkennung bezeichnet.
** Siehe auch "T... wie Tibet: Die Flucht."

man Pujas abhält. Einer meiner Onkel, Peunlop Rinpoche, kümmerte sich um mich, da unsere Mutter nicht bei uns war, und er war es, der uns unsere ersten spirituellen Belehrungen gab. In Tibet gibt es zwei Arten von Ausbildungen: Die eine ist kulturell ausgerichtet (Grammatik, Kalligraphie, Literatur und Philosophie) und soll dazu dienen, mit den Menschen kommunizieren zu können, und die andere ist rein spirituell ausgerichtet.

Ich wurde mit zwanzig Jahren Mönch. Als wir anfingen, zur Schule zu gehen, kleidete man uns bereits in Mönchskleidung, obwohl es nicht erlaubt war, unter sechzehn Jahren sein Gelübde oder auch nur eine partielles Gelübde abzulegen. Aber mit zwanzig Jahren durfte man ein volles Gelübde ablegen.

Mein richtiges persönliches Training hat unter dem 16. Karmapa begonnen, in einem Kloster in Rumtek im Sikkim, nach unserer Flucht aus Tibet.

Zu jener Zeit glich Rumtek eher einem Flüchtlingslager, und unser Unterricht war nicht so regelmäßig, wie er in Tibet gewesen war. Ich war etwa zwölf oder dreizehn Jahre alt, als der Karmapa angefangen hat, uns (wir waren eine Gruppe von mehreren Tulkus) zu initiieren und die Lehren nahezubringen. Ihn zum Meister zu haben, bedeutete drei oder vier Monate lang intensive Unterweisungen, die ihren Abschluss in der Teilnahme an der öffentlichen Initiation fanden, an der viele andere Lamas von überall her teilnahmen. Später ging er dazu über, die wichtigsten Belehrungen auf wenige Stunden täglich zu konzentrieren, aber es handelte sich dabei immer um mündliche Belehrungen, denn er verwendete nie einen Text. Traditionell handelt es sich dabei um zwei Arten von Unterweisungen: Bei den einen geht es um das, was wir machen sollen und was wir nicht machen sollen, wie eine Übung praktiziert wird, wie man visualisiert oder aber um ein philosphisches Thema. Das andere sind Reden, die der Meister über ein bestimmtes Thema hält. Der Karmapa bevorzugte diese zweite Art von Unterricht. Er ließ sich von einem allgemeinen Beispiel inspirieren, ging dann aber nach und nach zu einer spezielleren Belehrung über.

Bis ich sechsundzwanzig Jahre alt war, ging meine Ausbildung mit einer progressiven Zunahme der zwei bis drei Stunden täglich weiter, bis ich zum Schluss ein anstrengenderes Programm erreicht hatte. Ich erinnere mich, dass er anfing uns von acht Uhr abends bis Mitternacht oder ein Uhr morgens zu unterrichten. Daraufhin mussten wir um fünf Uhr früh aufstehen, um Pujas abzuhalten und dann die übliche Zeit über mit anderen Lehrern zu studieren, um andere Themen zu vertiefen etc. So ging es die ganze Zeit weiter. Für uns war das eine schwierige Zeit, weil wir sehr müde waren. Nicht so der Karmapa! Er schlief zwischen zwei und halb fünf Uhr morgens, und das reichte ihm.

Mit siebzehn Jahren musste ich auch ein bisschen arbeiten und mich auf unterschiedlichste Weise im Kloster nützlich machen. Aber vor allem wurde von mir erwartet, dass ich lernte und meine Übungen machte. Damals war Rumtek allerdings viel ruhiger als heute. Es gab praktisch nichts anderes, was man tun konnte. Es gab nicht einmal eine Straße zum Kloster!

Zu Beginn war es nicht schwierig, auf dem Klostergelände einen Gemüsegarten anzulegen, doch die meiste Nahrung kam trotzdem von außen. Denn die Leute aus der Umgebung freuten sich, dem Kloster Reis und andere Lebensmittel zukommen zu lassen. Die reichen Landwirte spendeten mehr, die Armen nur eine Kleinigkeit, aber niemand kam mit leeren Händen. Im Kloster bekamen sie kostenlose medizinische Versorgung sowie spirituelle Hilfe, so dass sie jedes Mal versuchten, irgendwo mitanzupacken und auch uns zu helfen. Heute ist alles anders, und ein Kloster muss etwas verkaufen, um andere Sachen kaufen zu können. Darüber hinaus bekommen sie Schenkungen in Form von Geld und nicht mehr in Form von Naturalien. Also auch hier hat sich der Gebrauch von Geld zum Kaufen von Dingen durchgesetzt. Damals war es nicht nötig, viel zu kaufen, höchstens ein bisschen Gemüse und ab und zu mal ein bisschen Fleisch aus der Stadt. Wir hatten also die ganze Zeit zum Studieren und Üben.

Wie ich bereits gesagt habe, kann ein Tulku überall geboren werden, selbst in eine westliche Familie. Alles hängt von den karmischen Verbindungen ab.

Erwarten Sie nicht, dass ein junger Tulku gehorsamer als andere Kinder ist, denn der Charakter eines Kindes hängt viel von den Beziehungen zum Charakter seiner Eltern ab.

Ein junger Tulku wirkt eigentlich wie jedes andere Kind auch, aber ganz unvermittelt kommt dann ab und zu ein viel tieferes Verständnis zum Vorschein. Auch sein Mitgefühl tritt genauso spontan zu Tage. Er kann die außergewöhnlichsten Dinge sagen, hören oder sehen, wie etwa feinstoffliche Wesen. Das ist historisch bewiesen. Ich bitte Sie, ihn in so einem Fall keinesfalls zu einem Psychiater zu schleifen, nur weil diese Dinge in Ihrer Kultur praktisch in Vergessenheit geraten sind. Ergreifen Sie stattdessen die Gelegenheit, um sich selbst für eine neue Denkweise zu öffnen, anstatt davor Angst zu haben. Akzeptieren Sie das Wesen Ihres Kindes. Aber erinnern Sie sich auch daran, dass es nach und nach wie alle anderen Kinder werden wird. Behandeln Sie es also wie ein ganz normales Kind.

Wenn Sie denken, dass in Ihrer Familie ein kleiner Tulku geboren worden ist, Sie aber überhaupt nichts über Buddhismus wissen, machen Sie sich keine Sorgen. Wenn er Sie ausgewählt hat, werden Sie wahrscheinlich in der Lage sein, ihm eine gute Ausbildung

mit auf den Weg zu geben. Und das wird höchst förderlich für seine zukünftige Aktivität sein. Wenn er
eine gute kulturelle Grundbildung hat, wird es später
ein Leichtes sein, ihn auf den spirituellen Weg zu bringen und entsprechend zu unterrichten. Eine gute
Kultur wird ihm in erster Linie erlauben, mit vielen
verschiedenen Traditionen in Kontakt zu kommen.
Dadurch wird er auch fähig sein, zu seiner eigenen
wieder den Kontakt aufzunehmen, denn zu einem
bestimmten Zeitpunkt wird sein Geist erwachen, sich
für einen spirituellen Weg interessieren und eine
bestimmte religiöse Richtung praktizieren wollen.

Wenn wir uns dem Praktizieren unseres Glaubens
verschreiben wollen, müssen wir dafür mehrere Jahre
veranschlagen. Danach können wir das, was wir
erkannt und verwirklicht haben, mit den anderen teilen. Aber auch das ist ohne eine entsprechende kulturelle Ausbildung, die es uns ermöglicht, in geeigneter
Form mit den anderen zu kommunizieren, nicht
machbar.

In Wirklichkeit gibt es viele Menschen, die mit
Weisheit und Mitgefühl ausgestattet sind und ihren
eigenen Weg ganz allein entdecken. Sie sammeln aus
allen Traditionen das zusammen, was sie brauchen,
und handeln dann entsprechend ihrer Fähigkeiten und
karmischen Bindungen.

Den Lehren Buddhas zufolge ist das Leben überall, und wir sollten daher nicht glauben, dass unser Planet der einzige ist, auf dem es Formen intelligenten Lebens gibt.

Das Leben ist nicht nur auf vielen Planeten vorhanden, sondern auch auf vielen verschiedenen Ebenen, denn es gibt viel feinstofflichere Lebensformen als die unsrige, die wir im Allgemeinen nicht sehen können.

Nach Ansicht der Tibeter müssen wir uns auf Besuche von Bewohnern anderer Planeten gefasst machen, die der Tradition zufolge an Bord von fliegenden Rädern/Untertassen kommen werden. Vor einigen Jahrhunderten dachten die Tibeter, dies bezöge sich auf die Inder, die auf von Pferden gezogenen Karren mit metallenen Rädern dargestellt wurden. Und tatsächlich kann angenommen werden, dass diese bildlichen Darstellungen nichts anderes sind, als eine antike Methode, um uns an Zusammentreffen mit Wesen von anderen Planeten zu erinnern, die mit ihren Raumschiffen zu uns kamen. Die Tatsache, dass diese Karren traditionell mit Metallrädern dargestellt werden, ist hoch interessant, da die Räder in der Antike im Allgemeinen aus Holz hergestellt wurden.

In der tibetischen Tradition gibt es zwar keinen Hinweis auf derartige Zusammentreffen mit solchen Wesen in der Vergangenheit, aber seit einigen Jahren wird ein solches Ereignis bestätigt.

Kontakte mit Wesen von anderen Ebenen oder anderen Planeten sind auch Teil der Tradition von Shambala. Unseren Lehren zufolge ist Shambala eine Welt hoch entwickelter Wesen, die sich durch einen sehr hohen Erleuchtungsgrad auszeichnen. Unser Planet versteckt an einem geheim gehaltenen Ort eine "Gesandtschaft" dieser Wesen, und von Zeit zu Zeit gelingt es einem großen Meister, in Kontakt mit ihnen zu treten und wertvolle Lehren von ihnen mit auf den Weg zu bekommen. Beispielsweise war das bei Padmasambhava, dem großen Bodhisattva, der Fall; er brachte den Buddhismus nach Tibet. Diese Geschichte wird in einem Text mit dem Titel Pema Katang erzählt.

Zu den aus dem Shambala überlieferten Lehren gehört auch das Kalachakra: die Übung, die Meditation, die es uns erlaubt, uns rasch von dem Leiden

---

* Im Kalachakra (Editions Marpa, Château de Plaige, La Boulaye) kann man nachlesen, dass Kalu Rinpoche gesagt haben soll, dass diese Lehren von Dawa Sangpo, dem König von Shambala, vom Buddha Sakyamuni erbeten wurden, um den Wesen insbesondere in der schwierigen Zeit von heute zu helfen.

infolge unserer Bindung an die Zeit zu befreien und den Zustand eines Bodhisattvas zu verwirklichen*.

Padmasambhava und die anderen großen Wesen sind nicht mehr durch ihren physischen Körper eingeschränkt. Deshalb sollte auch die Ebene, auf der sie leben, nicht als ein physischer Ort angesehen werden. Wir nennen diesen Ort traditionell das "Land der reinen Vision", denn es handelt sich dabei um einen Zustand reinen Bewusstseins. Dort kann man nicht sagen, wer sich hier oder da befindet, es gibt keine zeitlichen und räumlichen Einschränkungen. Es gibt physische Welten und feinstofflichere Welten, in denen die Materie so schnell schwingt, dass sie in Wirklichkeit zu Geist wird. Auch bei der üblichen Unterscheidung zwischen Geist und Materie handelt es sich in Wirklichkeit um nichts anderes als um verschiedene Schwingungszustände derselben Energie. Als Beispiel könnte man drei Dinge anführen: Eis, Wasser und Wasserdampf. Der einzige Unterschied zwischen diesen Dingen ist die jeweilige Schwingungsgeschwindigkeit der Moleküle, bei denen es sich in jedem Fall um H_2O-Moleküle handelt.

All diese Welten, die physischen wie die feinstofflicheren, sind Orte der Wiedergeburt. Das hängt von der Erleuchtungsebene des Geistes und der Art von Erfahrung ab, die nötig erscheint, um noch etwas anderes hinzuzulernen. Die Art und Weise, wie wir in den feinstofflicheren Welten geboren werden, hat nichts mit der Art und Weise zu tun, wie wir auf diese Erde kommen, mittels eines Körpers aus einer Mutter heraus etc... Es gibt Welten, die von Gesetzmäßigkeiten bestimmt werden, die wir nicht kennen.

Sicher ist jedoch, dass jede Welt ein Ort der Wiedergeburt ist, und wenn wir denken, zum Wohle aller Wesen zu handeln, beziehen wir uns dabei auch auf alle Wesen, die in diesen anderen Welten leben.

Buddha Sakyamuni hat sogar gesagt, dass jeder von uns so viele Reinkarnationen erlebt hat, dass jedes lebendige Wesen schon einmal unser Vater und unse-re Mutter gewesen ist*.

---

* Siehe auch "R... wie Reinkarnation".

U

Ü... wie Überlieferungslinie

Unter Überlieferungslinie verstehen wir eine ununterbrochene Kette von Lehren, die jeweils vom Meister auf den Schüler übertragen werden.

Als sich der Bodhisattva namens Karmapa zum ersten Mal unter diesem Namen in Tibet manifestierte, wurden ihm von Gampopa viele Lehren übertragen, die dieser wiederum seinerzeit von Milarepa beigebracht bekommen hatte, der sie wiederum von Marpa erhalten hatte. Dieser hatte zwölf Jahre in Indien verbracht, in deren Verlauf er von verschiedenen indischen buddhistischen Meistern unterrichtet worden war, u.a. von Naripa und Maitripa usw. Letztendlich geht die Überlieferungslinie bis auf Buddha Sakyamuni selbst zurück.

Eine "Überlieferung oder Übertragung" bedeutet nicht einfach, eine Lehre "weitergeben" oder sie zur Schau stellen. Sie beinhaltet, dass der Schüler die selben Dinge erkennt wie der Meister und daher seinerseits anfangen kann, das zu unterrichten, was ihm selbst beigebracht worden ist, weil er eins ist mit allen früheren Meistern bis hin zum Buddha selbst.

Auf diese Weise bleibt die Qualität des Unterrichts erhalten.

V... wie Verrücktheit

Die Art von Verrücktheit, die man in Tibet finden konnte, hat mit den gängigeren Ursachen von Verrücktheit in den westlichen Ländern, wie Stress und Depression, nichts zu tun, da es diese Dinge in Tibet nicht gab. Das erleichterte auch die Heilung der Verrückten.

In Tibet war Verrücktheit hauptsächlich durch physische Beschwerden bedingt, wie etwa den Biss eines tollwütigen Hundes, und wenn es nicht möglich war, sofort die sog. "schwarzen Pillen" zu verabreichen*, konnte man meistens nichts weiter machen.

Aber in der Regel gab es eine traditionelle Methode, um gegen Verrücktheit vorzugehen, wenn diese auf eine unheilvolle Beziehung zu jenen Wesen zurückging, die wir Devas** nennen – oder aber zu anderen feinstofflichen Wesen. Das können auch verstorbene Personen sein, die ihr Mitgefühl in dem großen Chaos des Bardo*** verloren haben, die jedoch im Laufe

---

* Siehe auch unter "M... wie Medizin".
** Siehe auch unter "D... wie Devas".
*** Siehe auch unter "T... wie Tod und Sterben".

ihres Lebens viel praktiziert haben, so dass sie immer noch mächtig sind, aber ohne gleichzeitig mitfühlend zu sein.

Unserem System zufolge kann es vorkommen, wenn ein Mensch sich für diese Art von Beziehung öffnet (die ein westlicher Mensch womöglich Besessenheit nennen würde), dass das feinstoffliche Wesen in seinen Körper eindringt und dort auf der Ebene der Nerven und des Gehirns Beschwerden hervorruft. Alles hängt von der Art der Beziehung ab, die er mit diesem Wesen eingegangen ist. Fast immer handelt es sich um eine unbewusste Beziehung auf Seiten der Person, hingegen um eine bewusste auf Seiten des feinstofflichen Wesen.

Der tibetische Arzt ist in der Lage festzustellen, ob das die Ursache der Verrücktheit ist, indem er den feinstofflichen Energiefluss beobachtet und den Puls des Geisteskranken fühlt.

Wenn dem so ist, wird traditionell nicht der Kranke behandelt, sondern der Deva. In der Regel wird die Heilung in diesem Fall von den Lamas und tibetischen Ärzten durchgeführt, die ein außerordentlich mitfühlendes Wesen haben, weil die Aufgabe nicht leicht ist.

Es gibt einen feinstofflichen Kanal, der es den Wesen ermöglicht, in den menschlichen Körper einzudringen, und die Pforte dafür ist der Ringfinger unserer Hände. Deshalb "schließt" der Arzt, bevor er mit der Behandlung einer Krankheit anfängt, die von einem feinstofflichen Wesen verursacht wird, zunächst "die Eingangspforte", indem er ein besonderes Band unten um diesen Finger bindet.

Im Gegensatz zu den westlichen Exorzisten jagen wir also in Wirklichkeit das feinstoffliche Wesen nicht aus dem Körper des Geisteskranken, sondern zwingen es, darin zu bleiben und fangen an, mit ihm zu diskutieren. Sonst könnte es aus dem Körper verschwinden, und dann wäre es wirklich schwer, es zu heilen.

Das Erste, was zu tun ist, ist also mit diesem Wesen zu reden. Es wird zwar durch den Mund des Kranken, aber mit einer anderen Stimme antworten, und der Arzt oder der Lama werden herauszufinden versuchen, was da schief läuft, was der Grund ist, dass es so wütend und aggressiv ist.

Wenn es sich um einen lokalen Deva handelt, kann die Ursache häufig folgende sein: Er war es von den früheren Bewohnern des Ortes gewohnt, dass für ihn Pujas abgehalten und Opfergaben dargebracht wurden, und die neuen Bewohner haben vergessen, es ihnen gleich zu tun. In anderen Fällen kann es sich auch um Anhaftungen handeln, oder aber das feinstoffliche Wesen fühlt sich von den Menschen gestört.

Wenn das Wesen erst einmal zugesagt hat, zu gehen und nie mehr wieder zu kommen, wissen wir, dass es Wort halten wird, denn Devas sind ehrlich.

Es sollte auch daran erinnert werden, dass die Tibeter in der Vergangenheit viele Kontakte mit Devas hatten, da die Bon Po-Kultur, die dem Buddhismus vorausging, eine schamanische Kultur war. Die Tibeter haben also große Erfahrung auf diesem Gebiet. Im Rahmen unserer Medizin werden demnach viele Ursachen von Beschwerden und Krankheiten den feinstofflichen Welten zugeschrieben. Was in der feinstofflichen Welt als ein "physisches" Problem erscheint, kann – aufgrund der Tatsache, dass diese Welten weniger dicht als unsere sind – in unserem Körper an der am wenigsten physischen Stelle unseres Körpers angreifen, d.h. an unserem Nervensystem.

Traditionell werden also die meisten Nervenkrankheiten mit Hilfe von Ritualen geheilt, die sich in erster Linie an die Devas richten und erst in zweiter Linie an den Menschen. Bei einigen dieser Rituale wird direkt mit den Elementen gearbeitet, in denen die Devas leben, denn manche von ihnen sind auf besondere Weise mit einem bestimmten Element verbunden und nicht so sehr mit anderen. Eine unserer Gebetsfahnen ist mit Mantras beschrieben, die dazu dienen, alle Elemente so auszugleichen, dass damit gleichzeitig auch die Devas geheilt werden.

Wenn wir uns mit einem nicht inkarnierten Wesen auseinandersetzen müssen, das sein Mitgefühl verloren hat, müssen wir in diesem Fall die Hilfe eines hoch erleuchteten Lamas in Anspruch nehmen und das Wesen ganz sanft auf den Weg des Mitgefühls zurückführen.

V... wie Visualisierung

Eine unserer Methoden zum Erwecken einer bestimmten Qualität des Geistes*, um mit ihr Kontakt aufzunehmen und eins mit ihr zu werden, besteht aus einem System von sehr detaillierten Visualisierungen.

Wenn wir visualisieren, dass der Geist Buddhas, der gestaltlos ist, die wahre Natur von allem Existierenden ist, müssen wir ihm natürlich eine Form oder Gestalt geben, sonst gäbe es da nichts zu visualisieren. Es darf jedoch nie vergessen werden, dass das, was wir da sehen, nichts anderes als eine Form ist.

Wir visualisieren also in der Regel den Geist Buddhas in Form von verschiedenen Göttern, die einfach für die verschiedenen Aspekte und Qualitäten unserer tiefen Natur stehen. Wir können auch Bodhisattvas,

---

* Wenn hier von Geist die Rede ist, meinen wir damit die wahre Natur, unsere Buddhanatur, die allerdings meist durch Unwissenheit verschleiert ist. Unwissenheit heißt hier nichts anderes, als dass unser individueller Geist glaubt, vom Geist Buddhas getrennt zu sein, der alle Formen durchdringt. Das ist, als ob ein Wassertropfen denkt: "Ich bin ein Wassertropfen", ohne dabei zuzugeben, dass er Teil des Ozeans ist. Sobald dieser Wassertropfen die Wahrheit erkennt, wird er bewusst zu dem werden, was er bereits ist: der Ozean selbst.

Emanationen des Geistes Buddhas, visualisieren, denn sie haben ihre wahre Natur im Laufe eines ihrer Leben erkannt. Visualisierungen haben zum Ziel, die Verbindung zu ihnen (oder zu ihrer inneren Qualität des Mitgefühls, die dieselbe ist, die auch wir in uns tragen) neu zu beleben oder aufzubauen. Diese Wiederaufnahme der Verbindung ermöglicht es uns, mit Mitgefühl zu handeln – statt verschleiert durch dunkle Wolken und nur für unsere eigenen Ziele.

Natürlich verfügen wir über keine Fotos von diesen Bodhisattvas, um zu sehen, wie sie in ihrem früheren Leben ausgesehen haben. Und manche von ihnen haben sogar noch nie einen menschlichen Körper angenommen. Deshalb haben wir uns symbolische Bilder geschaffen, deren wir uns als Hilfsmittel bedienen, um uns auf die Bodhisattvas zu konzentrieren.

Aufgrund der vielen Symbole, die man visualisieren können muss und auch aufgrund mancher Angaben (wie beispielsweise, dass wir angewiesen werden, einen Lichtkörper zu visualisieren oder aber die Emanation einer Substanz aus einem visualisierten Wesen, und all das dreidimensional und als wäre es lebendig), scheinen diese Visualisierungen manchmal eine komplizierte Angelegenheit zu sein. Doch die Westler sind zwar nicht so mit unseren Symbolen vertraut, aber ihre Kultur legt so hohen Wert auf die

Vorstellungskraft des Menschen, dass in gewissem Sinnen Visualisierungen für sie nicht schwierig sind.

Wir visualisieren Wesen, Dinge und selbst den Klang von Mantras. Aber wir betrachten all diese Dinge nicht als Halluzinationen, denn wir sind uns immer bewusst, dass sie keine eigenständige Existenz haben. Das ist ein bisschen so, als erinnertern Sie sich an einen Freund, der im Ausland lebt. Sie erinnern sich in allen Einzelheiten an ihn, so dass es Ihnen vorkommt, als würde er vor Ihnen stehen, aber Sie wissen ganz genau, dass er genau in diesem Moment weit weg von Ihnen ist.

Eine Visualisierung geht immer Hand in Hand mit einer inneren Einstellung des Glaubens und der Dankbarkeit gegenüber dem, was der Bodhisattva oder die Gottheit für die fühlenden Wesen gemacht hat oder machen kann, aber auch für die Unterweisungen, die wir bekommen haben und die es uns erlauben, mit unserer wahren Natur wieder Kontakt aufzunehmen.

Deshalb fangen wir fast immer damit an, unseren Meister zu visualisieren, der eins wird mit Buddha oder mit einem Bodhisattva – und schließlich auch mit uns.

Am Ende jeder Visualisierung, wenn wir spüren, dass die Verbindung wiederhergestellt wurde, visualisieren wir Buddha oder diesen Bodhisattva, wie er sich in Licht auflöst und mit uns in unserer Visualisierung eins wird. Diese Auflösungsphase hat verschiedene Zwecke: Sie erinnert uns, dass alle Wesen, egal wie hoch ihre Erleuchtungsstufe ist, dieselbe Natur besitzen, und dass wir letzten Endes alle eins sind, da die Trennung nur eine von unserem unwissenden individuellen Geist erschaffene Illusion ist. Sie erinnert uns außerdem daran, dass der Geist wirkt, indem er Dinge erschafft, die eine eigenständige Existenz zu haben scheinen, in Wirklichkeit aber nur Projektionen sind. Und indem wir die Visualisierung sich auflösen lassen, kann der Geist die Illusion dessen auflösen, was sich uns in Gestalt einer vom Geist getrennten Sache präsentiert.

Wenn wir die Visualisierung auflösen, ist das ein bisschen, wie wenn wir ein Mandala aus Sand im Fluss verstreuen. Diese Handlung erinnert uns daran, dass alles, was wir in dieser Welt sehen, nicht von Dauer ist und dass unser Leiden auf unsere Verhaftung mit dieser unbeständigen Erscheinung zurückgeht.

W... wie Wissenschaft

Heutzutage verwenden die Westler einen Großteil ihrer Energie auf den wissenschaftlichen und technischen Aspekt der Wirklichkeit insgesamt, und das ist nützlich. Doch je mehr sie diese Aspekte entwickeln, müssten sie dem eigentlich auch andere Ansätze entgegenstellen, denn die rationale Ebene und die spirituelle Ebene müssten sich eigentlich parallel entwickeln. Wissenschaft ohne Weisheit ist wie ein gefährliches Werkzeug in den Händen eines Kindes.

Wenn wir nur einen Teil des Menschen betrachten, wenn wir nur die technologische Seite entwickeln, dann machen wir vor der Möglichkeit halt, an zusätzliche Informationen zu kommen, die aus unserer tiefen Natur herrühren und in Form von Wahrnehmungen zum Ausdruck kommen. Es handelt sich dabei um etwas nicht Messbares, das aber trotzdem sehr nützlich ist. Wir glauben nicht, dass nur das existiert, was messbar ist, oder dass das die einzige nützliche Sache für das Wohl der fühlenden Wesen ist.

Wissenschaftler, die sich so verhalten, schränken sich selbst wirklich sehr stark ein, und ihre wahre

Natur bleibt weiterhin verborgen. Es kann also tatsächlich einen Mangel an Mitgefühl bei ihrem Ansatz geben, und sie werden sich nicht völlig klar darüber, was genau Mitgefühl ist. Sie handeln häufig in ihrem eigenen Interesse, und auch wenn sie zum kollektiven Wohle der gesamten Menschheit beitragen, ist das kein korrekter Ansatz, weil er nicht unbedingt mit dem Wohle aller Lebewesen übereinstimmt. Sie versuchen, die Dinge zu erzwingen, um das Ergebnis zu erzielen, das sie sich vorgenommen haben. Dazu bedienen sie sich der unterschiedlichsten Methoden, ohne sich in irgendeiner Form um all das zu kümmern, was nicht ihr Ziel im engeren Sinne betrifft. Man könnte sagen, dass sie durch diese Vorgehensweise zwar das Ergebnis erzielen, das sie angestrebt haben, aber auch große Schäden bei den Lebewesen und unserem Planeten verursachen. Früher oder später wird diese negative Energie als kollektives negatives Karma auf die ganze Menschheit zurückfallen, da die Forschung sich immer damit rechtfertigt, dass sie zum Nutzen der Allgemeinheit betrieben wird.

Jede Handlung, die nicht von Mitgefühl inspiriert ist, ist eine blinde Handlung. Sie wird aus unserem individualistischen Geist heraus geboren, der selbst blind und beschränkt ist. Die sich daraus ergebenden Ergebnisse können nur momentan als vorteilhaft angesehen werden. Wir fangen erst heute an, uns in unserer

Welt darüber klar zu werden, welche Auswirkungen diese Handlungsweise hat.

Auch die Wissenschaftler haben ein perfekte Natur, die in ihnen verborgen ist, und wir müssten eigentlich im Stande sein, ihnen zu erlauben, sich ihr anzunähern. Dazu müssen wir ihre Sprache benutzen, wenn wir wollen, dass sie uns anhören. Aber wir dürfen ihnen nicht sagen, was sie zu tun und zu lassen haben, denn sie glauben so fest an ihre Methoden, dass sie denken, die kleinste Veränderung sei unakzeptabel. Vielleicht hat Trungpa Rinpoche deshalb beschlossen, seine traditionelle Rolle als tibetischer Lama aufzugeben, und angekündigt, dass er sich das nächste Mal als Wissenschaftler* reinkarnieren wird.

---

* Siehe auch "B... wie Bodhisattva".

Der Yeti wurde von den Tibetern als ein Tier angesehen, da er nicht mit den unter Menschen üblichen Kommunikationsformen kommunizieren konnte. Es handelt sich also um keine Legende.

Heute gibt es keine Yetis mehr in Tibet, aber vor sechzig, siebzig Jahren, als meine Mutter jung war, gab es sie mit Sicherheit noch.

Tatsächlich war sie es, die mir einmal die Geschichte eines Arztes erzählte, der mit einem Yak, das mit Medikamenten beladen war, von Dorf zu Dorf zog, um die Menschen in Osttibet zu heilen. Eines Tages traf er an einem bestimmten Ort in einem Wald auf einen großen Affen, der aufrecht auf seinen beiden Hinterbeinen lief wie ein Mensch. Dieser Affe schickte sich an, dem Yak und dem Arzt bis ganz hoch ins Gebirge zu folgen. So hoch war der Yak noch nie gestiegen. Plötzlich machte der Yeti dem Arzt ein Zeichen. Es war klar, dass er wollte, dass er ihm folgte. Der Arzt hatte so große Angst, dass er machte, wie ihm geheißen. Er ließ den Yak stehen und folgte dem Yeti zu Fuß. Sie kamen schließlich zu einer Höhle, in der sich ein Lebewesen befand, das dem Yeti ähnelte. Es war krank und hatte eine Verletzung am Fuß. Es hatte außerdem eine Entzündung aufgrund eines Stachels. Der Arzt behandelte es so gut, dass es ihn anschließend wieder zu seinem Yak zurückbegleitete.

Als wir Tibet verließen, hörten wir von den Bhutanesen, dass es auch in Bhutan eine andere Art von Yeti gegeben habe. Sie beschrieben ihn als ein Wesen, das drei Meter groß sowie stark behaart war und eine Art Löwengesicht hatte. Ich weiß nicht, als was dieses Wesen einzuordnen wäre: als Tier oder Deva, denn dieser Yeti hatte bestimmte physische Besonderheiten, die nicht klar zuzuordnen sind (wie die enormen Fußabdrücke, die er zurücklässt, die so lang sind, wie von Ihrem Finger bis zu Ihrem Ellbogen, oder seinen ganz speziellen Geruch). Aber man sagt auch, der Yeti sei in der Lage, aufzutauchen und zu verschwinden, wie es ihm gerade in den Sinn kommt, und dass es sich deshalb um kein physisches Wesen handle. Ich habe nie von einem menschlichen Kontakt mit dieser Sorte von Yeti gehört.

Z... wie Zoo (tibetischer)

Wir Tibeter verfügen über einen ziemlich unglaub-
lichen Zoo, obwohl nur der Yeti die Aufmerksamkeit
der Westler auf sich zu ziehen scheint.

Auf den tibetischen Gebetsfahnen und Bildnissen
sind viele geheimnisvolle Tiere abgebildet, die noch selt-
samer als der Yeti sind. Ich möchte Ihnen hier etwas
über die fliegenden Drachen und die Schneelöwen
erzählen.

Die Drachen könnten wirklich aus der Familie
von "Nessie" stammen. Es heißt, sie lebten in Seen in
den nördlichen Gebieten von Tibet, wie etwa in
Gullok, einer flachen Region in der Nähe der chinesischen Stadt Cheng Hai. Dort kann es während der
Regenzeit zwischen dem Frühlingsende und Som-
meranfang zu Hagelstürmen kommen, die über die
Seen niedergehen. Unseren Traditionen zufolge deutet in einer nebelhaften Atmosphäre ein Geräusch,
das dem Donner gleicht, auf etwas Riesiges hin, das
aus dem Wasser des Sees auftaucht, herausspringt und
mit den Schuppen seiner Haut einen blendend hellen
Blitz erzeugt.

Niemand hat je den Kopf des Drachens gesehen, wenn er aus dem Wasser auftaucht, weil immer zu viel Nebel war, aber wenn man etwas weiter oben in den Himmel schaut, dort wo der Nebel aufhört, sagt man, dass es möglich ist, den Schwanz des Drachens zu sehen, bevor er mit ungeheurer Geschwindigkeit davonfliegt.

Das tibetische Wort für Drachen ist Drough, was auch "Donner" bedeutet. Da die Drachen als sehr stark und mit einer sehr guten Gesundheit ausgestattet gelten, hat die chinesische Medizin als eines ihrer Hauptbestandteile etwas eingeführt, das "Knochen des Drachen" genannt wird.

Wie die meisten Völker im Himalaya glauben auch die Tibeter, dass es die Drachen wirklich gibt. Aber den Westlern zufolge sind die Knochen des Drachen nichts anderes als alte Überreste von Dinosauriern.

Der Schneelöwe wird so genannt, weil das Wort "Löwe" in gewisser Weise edler klingt als das gemeine Wort "Hund". Aber in Wirklichkeit sagt man, dass der Schneelöwe so hoch ist wie eine Kuh und seinem Aussehen nach einem Hund ähnelt, der in etwa unserem kleinen "Lhasa Apso" gleicht. Wie bei den Drachen und den Yetis gibt es viele Menschen, die behaupten, einen gesehen zu haben, ganz hoch oben im Gebirge - und immer von weitem. Es gibt keine Zeugnisse über ein direktes Zusammentreffen zwischen Mensch und Schneelöwe. Ebenso wie die größten

Drachen und Yetis verschwinden die Schneelöwen sehr leicht, so dass die Einheimischen nicht wissen, ob sie eher zu den Tieren oder den Devas zu rechnen sind.

Wer weiß, ob die Westler nicht in der Lage wären, dies in einem Forschungsprojekt herauszufinden, denn – im Gegensatz zu den Tibetern – steht ihnen ja ein System zur Verfügung, das sich auf das Sammeln von Beweisen stützt!

Edizioni AMRITA

"Amrita-Seminare"

Im Zusammenhang mit den Buchreihen, die von den beiden Verlagen gemeinsam veröffentlicht werden, werden Autoren mit hervorragendem internationalem Ruf zu Vorträgen und Seminaren eingeladen.

Wir würden uns freuen, Sie über die entsprechenden Seminare und Konferenzen dieser Autoren in den deutschsprachigen Ländern auf dem Laufenden halten zu dürfen. Schicken Sie uns einfach eine E-Mail an folgende Adresse:

info@amrita-edizioni.com

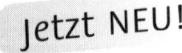

Seminare bei Silberschnur

Weitere Informationen erhalten Sie unter

www.silberschnur.de/seminare

144 Seiten, broschiert
ISBN 978-3-89845-193-2
€ [D] 12,90

Daniel Meurois-Givaudan

Karmische Krankheiten

Erkennen – verstehen – überwinden

Dieses in seiner Art einmalige Buch versteht den Menschen als eine Folge von verschiedenen Reinkarnationen, wobei jede unterschiedliche Spuren hinterlassen hat, die sich im jetzigen Leben als Krankheit manifestieren können und die die traditionelle Medizin weder verstehen noch heilen kann. Ein erfahrener Therapeut mit medialen Fähigkeiten und einem tiefen Verständnis des Menschseins vermittelt hier einen einmaligen Einblick in die Komplexität von Krankheiten.

238 Seiten, broschiert
ISBN 978-3-89845-194-9
€ [D] 13,90

Anne Meurois-Givaudan &
Dr. med. Antoine Achram

Auralesen und alte Therapien der Essener

*Von der Autorin des Bestsellers
»Essener Erinnerungen«*

Wenige Bücher über das Thema Heilen gehen so weit wie dieses im Bezug auf das Verständnis von Krankheiten, denn hier werden diese als eine Reaktion auf feinstofflicher Ebene interpretiert und auch auf dieser behandelt - ein bemerkenswerter Ansatz zum Verständnis der energetischen Medizin. Eine interessante Einführung in eine vergessene Heiltechnik, die von der Autorin seit vielen Jahren mit großem Erfolg angewandt wird.

138 Seiten, broschiert
ISBN 978-3-89845-195-6
€ [D] 13,00

Giorgio Mambretti & Jean Séraphin

Die Medizin auf den Kopf gestellt

Und wenn Hamer doch Recht hätte?

Die einen jubeln ihm zu, weil er sie von einer schweren Krankheit heilen konnte, die anderen bekämpfen ihn und stecken ihn sogar als Scharlatan ins Gefängnis, da er die Gesetze der »klassischen« Medizin offenbar auf den Kopf stellt. Doch er kämpft gegen die moderne Medizin ... damit seine Kranken überleben können!

498 Seiten, broschiert
ISBN 978-3-89845-196-3
€ [D] 24,90

Claudia Rainville

Metamedizin

Jedes Symptom ist eine Botschaft

Warum bin ich krank? - Dieser Frage geht die Autorin in diesem umfangreich dokumentierten Buch nach und kommt zu dem einfachen, aber weit reichenden Schluss, dass die Symptome einer Krankheit als Botschaften des Körpers zu verstehen sind. Dank der vielen Fallbeispiele aus ihrer über zwanzigjährigen Forschungs- und Therapiearbeit liest sich dieses Buch wie eine spannende Dokumentation zum Thema Gesundheit.

208 Seiten, broschiert
ISBN 978-3-89845-109-3
€ [D] 11,90

Ryuho Okawa
Die Essenz des Buddha –
Der Pfad zur Erleuchtung

„Die Essenz des Buddha" bietet eine zeitgemäße Interpretation der traditionellen buddhistischen Lehre, die es jedem Menschen erlaubt, ein erfülltes Leben zu führen.

Meister und Schriftsteller Ryuho Okawa vermittelt dem Leser in einer modernen und verständlichen Sprache die grundlegenden Lehren des buddhistischen Verständnisses des Lebens. Denn allein durch eine Veränderung unseres Bewusstseins können wir den einzigen Weg beschreiten, der uns zu Zufriedenheit führt – und somit zu einer besseren Welt.

224 Seiten, broschiert
mit Klappe
ISBN 978-3-89845-211-3
€ [D] 11,90

Ryuho Okawa
Die Herausforderung des Geistes
Karma und menschliches Glück

Die bedeutsamen Lehren des Buddha sind äußerst effektiv, um tatsächlich ein glückliches, friedliches Leben zu fördern – doch sind sie leider meist sehr verkompliziert dargestellt. Mit der Erläuterung des Wesens des Karmas und anderer Schlüsselbegriffe der buddhistischen Lebensweise in klaren, einfachen, jedoch tiefgründigen Worten, die zum Nachdenken anregen, ist dieses Buch daher eine hervorragende Einführung in die wahrhaft wunder-volle Tradition des Buddhismus. Dieses Buch zieht den Schleier des Mystischen beiseite – und offenbart Ihnen die Essenz des Buddha…